"一带一路"国别文化

巴林
BAHRAIN

中国银行股份有限公司
社会科学文献出版社 编

社会科学文献出版社
SOCIAL SCIENCES ACADEMIC PRESS (CHINA)

巴林
BAHRAIN

中国驻巴林大使馆
（Embassy of the People'S Republic of China in the Kingdom of Bahrain）
地址：Building 158，Juffair Ave.，Block 341，Manama，Kingdom of Bahrain
领事保护热线：（0973）17723800
网址：http://bh.china-embassy.org/chn/

巴林
BAHRAIN ···

序

　　2013 年，国家主席习近平在出访中亚和东南亚国家期间，先后提出共建"丝绸之路经济带"和"21 世纪海上丝绸之路"的重大倡议，向全世界宣告了亿万中国人民谋求和平发展，与沿线国家和地区共同合作、共建繁荣的美好愿景。"一带一路"战略布局无疑成为当今世界最大的系统性工程，得到国际社会的广泛响应。

　　道之大者，为国为民。作为中华民族金融业的旗帜，中国银行早已将"为社会谋福利，为国家求富强"的信念植入血脉。在一百多年的发展进程中，不断顺应历史潮流，持续经营、稳健发展，为民族解放、社会进步、国家繁荣做出重要贡献。站在新的历史机遇期，以"担当社会责任"为己任，以"做最好的银行"为目标的中国银行，依托百年发展铸就的品牌价值和全球服务网络，利用海外资金优势，实现全球资源配置，护航"一带一路"战略，不仅具有得天独厚的优势，更是义不容辞的责任。

金融业是经贸往来的"发动机"和"导流渠"，是支持"一带一路"建设的中坚力量。中国银行作为国际化、多元化、专业化程度最高的国有股份制商业银行，截至2015年底，已在"一带一路"沿线18个国家设立分支机构，未来，将持续完善全球布局，增加对"一带一路"沿线国家的机构覆盖。可以肯定地讲，中国银行完全有能力承担起国家赋予的责任与使命，为构建"一带一路"金融大动脉做出重要而独特的贡献。

"一带一路"建设投资规模大、周期长，涉及众多国家和地区，金融需求跨地区、跨文化差异明显，这对银行业提出了新的挑战。如何跟上国家对外投资的步伐，如何为"走出去"企业铺路搭桥，如何入乡随俗、实现文化融合，成为我行海外发展面临的一系列重要问题。《文化中行——"一带一路"国别文化手册》（以下简称《手册》）正是在这个大背景下应运而生。《手册》从文化角度出发，全面介绍了我行已设和筹设分支机构的"一带一路"沿线国家的政治经济环境、金融发展业态、民俗宗教文化等，为海外机构研究发展策略、规避经营风险、解决文化冲突、融入当地社会提供实用性、前瞻性的指导和依据。对我行实现跨文化管理，服务"走出去"企业，指导海外业务发展，发挥文化影响力，实现集团战略都具有重要的价值。

最好的银行离不开最好的文化。有胸怀、有格局的中行人，以行大道、成大业的气魄，一手拿服务，一手拿文化，奔走在崭新又古老的"丝路"上。我们期待《手册》在承载我行价值理念，共建区域繁荣的道路上占有重要一席，这也正是我们实现文化"走出去"战略的题中应有之义。

2015 年 12 月

目录

巴林
BAHRAIN

第一篇

国情纵览

巴林
BAHRAIN ....

一　人文地理

1　地理概况

　　巴林（Bahrain）全称是巴林王国，位于西亚地区，海湾西南部，阿拉伯半岛东北部，位于卡塔尔和沙特阿拉伯（以下简称沙特）之间，大约在沙特东北 24 公里、卡塔尔半岛西北28 公里处，与沙特有跨海大桥相连接。

巴林地理位置

巴林是一个多岛屿的国家，国土面积为 767 平方公里。在巴林的 40 多个岛屿中，只有 6 个岛屿有人居住，它们是巴林岛（也称阿瓦利岛）、穆哈拉格岛、锡特拉岛、那宾萨利赫岛、吉达岛和乌姆纳桑岛。

巴林岛是巴林国最大的岛屿，也是该国的主岛，是一个海拔 30 ~ 60 米的石灰岩台地。南北长 48 公里，东西宽 16 公里，面积为 562 平方公里。巴林岛地势由沿海向内地逐渐升高，其海拔最高点为 137 米。巴林岛大部分是较低的沙漠平原，到中部缓慢抬升为低平的断崖，还有部分是由粗糙石灰岩组成的石山和沙地。在巴林岛中部高耸着杜汉山，石油井大都位于此山附近。巴林的其他岛屿也仅略高出海平面，以沙漠为主。多泉水，北部沿海依靠泉水和泵井灌溉种植农作物。西南海岸低地有盐沼。杜汉山山麓产石油，油田中心在阿瓦利。炼油厂设在该岛东北部，靠近首都麦纳麦。油港设在附近的锡特拉岛。穆哈拉格岛位于巴林岛的东北部，穆哈拉格是巴林第二大城市，建有巴林国际机场、船舶制造厂。在盛产石油的杜汉山地区，一条通畅宽阔的堤道将巴林岛和穆哈拉格岛连接起来。巴林锡特拉港口建有海水淡化工厂、发电厂和石油储备库。锡特拉岛是巴林石油公司的储油站。最小的岛屿是位于巴林岛和锡特拉岛之间的那宾萨利赫岛。巴林西北部的吉达岛和乌姆纳桑岛是监狱、游戏场所、巴林皇族的私人领地以及富人花园别墅所在地。卡塔尔西部的哈瓦尔岛一直是巴林和卡塔尔领土争夺的对象，实际上无人居住，为候鸟栖息之地。

2 历史沿革

巴林在公元前3000年即建有城市，公元前1000年腓尼基人到此定居，公元7世纪成为阿拉伯帝国的一部分。从1507年起，巴林先后被葡萄牙人、波斯帝国、英国占领和统治，1971年8月15日宣告独立并建立巴林国。2002年更改国名为巴林王国（简称巴林）。2002年以前，巴林是传统世袭制酋长国，哈马德国王于2002年推行政治改革，此后巴林成为世袭君主制王国。

巴林城堡
图片提供：达志影像

巴林本土人多数是阿拉伯人的后裔，其他是印度人、巴勒斯坦人、孟加拉国人、伊朗人、菲律宾人和阿曼人的后裔，也有少数波斯人和犹太人的后裔。

3　人口综述

2014 年巴林人口统计数字为 123.5 万人，其中本国人口有 60.52 万人，外籍人口有 62.98 万人，外籍人占 51%。首都麦纳麦（Manama），有 26 万人。40% 的巴林人在 20 岁以下，人口自然增长率为 1.7% ~ 1.9%。

巴林城乡人口界限模糊。交通和运输设施的改善、市场体系的整合使巴林成为由一系列小村庄连接起来的大都市，这些村庄在历史上是巴林的农业中心。村庄居民中文盲较多，识字率比周边国家和地区的居民都低，说阿拉伯方言。巴林人口集中居住于三个不同的社区，即贝都因社区、里法社区和阿里社区。

巴林外籍人口所占的比重大，来源地范围较广，主要来自印度、巴基斯坦等南亚国家；来自阿曼、伊朗、伊拉克和海湾其他国家的人也占较大份额；朝鲜、泰国和菲律宾劳工也占据一定的份额；另外还有少部分英国人和美国人。

4　语言文字

巴林的官方语言是阿拉伯语，通用英语。少数民族还说乌尔都语、法尔斯语等。

特别提示

★ 巴林属东 3 时区，比北京时间晚 5 个小时。

二　气候状况

　　巴林气候多属热带沙漠气候。春、秋两季短，冬、夏两季长，其中1月、2月、3月、4月、11月和12月气候舒适宜人。岛内温差变化较大，每年4～10月为夏季，气候炎热，气温接近40℃。6月和7月，巴林最高气温高达52℃。巴林冬季气温在10℃～20℃，较为舒适。巴林年均降雨量为77毫米，农业灌溉依赖自流泉。从9月到次年3月，巴林地区刮起夏马风（Shamal，中亚地区及海湾一带的一种寒冷的西北风），将潮湿的空气从东南部带到岛上。巴林岛在夏天经常有来自西南部的闷热、干燥的季风，但6月偶尔也有一丝凉风光临，为巴林增添一点凉意。

三 文化国情

1 民族

从民族构成来看，巴林居民大多数属于阿拉伯民族，约占 62.1%。其余是来自印度、巴基斯坦、伊朗、东南亚国家以及西方国家的外来移民。

2 宗教

巴林人信仰的宗教有伊斯兰教、犹太教、基督教与袄教。在波斯帝国统治巴林期间，犹太教、基督教和袄教先后传入巴林。7世纪，伊斯兰教传入巴林，成为巴林人信仰的主要宗教。巴林有85%的居民信奉伊斯兰教，其中什叶派占70%，逊尼派占30%。

巴林实行宗教信仰自由政策，国内的外籍居民大部分信仰基督教，占外国人的92%，其余外籍居民大多信仰印度教、佛教和犹太教。

扩展阅读：巴林伊斯兰教的主要教派

巴林伊斯兰教的主要教派包括居主导地位的逊尼派和处于次要地位的什叶派。前者与逊尼派主导政权的阿拉伯国家联系紧密，后者坚持伊斯兰教的十二伊玛目学说，长期与伊朗的什叶派密切联系，并经常去伊拉克圣城纳杰夫和卡尔巴拉朝觐。

什叶派

15 世纪，巴林与伊拉克的库法和纳杰夫一道成为什叶派宗教教育和学术研究的中心。1782 年，信奉逊尼派的哈利法部落征服巴林，结束了什叶派在当地占主导地位的历史。什叶派遭到驱逐和杀戮，不得不退居岛屿的西部与北部，岛屿东部则被逊尼派占据。19 世纪 20 年代，来自沙特的达瓦斯尔部落受邀协助哈利法部落夺占岛屿土地，什叶派的生存空间进一步缩小。什叶派村庄由被哈利法部落征服时的 313 个缩减为现今的 50 个。自 18 世纪末期起，哈利法家族成为巴林的统治者，什叶派文化在当地的兴盛宣告终结。这是以统治者哈利法家族为核心的逊尼派和当地什叶派矛盾的历史根源。自此，哈利法家族自称"征服者"，而把可以合法去攻击和剥夺财产的当地什叶派称为非穆斯林，相应的，许多巴林什叶派至今仍然把哈利法家族看作外来的侵略者和压迫者。

在哈利法家族占领巴林后，许多逊尼派阿拉伯人随之进入岛内，但什叶派始终在当地占据相当大的比重。巴林什叶派按民族来源主要分为两类，一类为本土巴林人，属阿拉伯人，约占总人口的 50%，他们是反对哈利法家族的主要力量；另一类是伊朗裔什叶派，在 20 世纪之前进入巴林，约占总人口的 20%。尽管什叶派占巴林人口的绝对多数，但他们在国家中处于边缘地位，无论是政治和社会地位还是经济实力都无法与以哈利法家族为核心的逊尼派相提并论。什叶派政治地位低下，无力影响国家决策，由于各种限制，难以享有政治权利。涉及国家安全的部门只雇用逊尼派，什叶派基本被排除在外。在王室法庭、国民卫队和情报机构中完全没有什叶派人员，在内政部和军队中什叶派人员则不到 3%，在政府中任职的什叶派人数所占比重远低于其所占人口的比重，即便什叶派人员担任内阁部长，也只能主管卫生和劳工等没有实权的部门。什叶派人员向政府部门提交的求职申请绝大多数遭到拒绝，而逊尼派的则往往获得通过。在 2002 年的议会选举中，议员名额分配极不合理。居民主要来自逊尼派的南部省，398 名选民即可选出一名代表，而什叶派聚居的北方省则在 13655 人中才能选出一名议员。由于什叶派在政府中缺少有力的政治代表，根本无力维护自身的合法权益。

多数什叶派人生活贫困，他们构成巴林贫民的主体。虽然巴林人均国民收入很高，2005 年达到 14370 美元，但贫富分化严重，国家财富高度集中于少数逊尼派人当中，尤其是哈利法家族不仅拥有巴林岛的大部分土地，也掌控着全国的石油资源。相反，绝大多数什叶派人的收入在平均收入水平以下。逊尼派几乎都居住在城市，农村居民几乎都为什叶派。什叶派人的失业率远远高于逊尼派。20世纪90年代以来，巴林经济增长乏力，失业人数逐年增加。官方发布的失业率数字不到2%，但实际数字远高于此，有人估计男性为16%～30%，而女性则比此更高。即便什叶派人找到工作，大多也工资很低，难以维持正常开支。在农村，什叶派贫民住房简陋，不少10人以上的大家庭拥挤在3间小屋之中，至少4万个家庭在等待政府承诺资助的住房。

什叶派遭受多种歧视和限制。巴林什叶派的身份从其姓名即可辨别，因此极易成为受歧视的对象。不论是教育还是就业，什叶派都无法享受与逊尼派同等的待遇。虽然什叶派忠于国家，但无端受到猜疑和防范。国家安全机构宁愿雇用外国逊尼派穆斯林，也不肯雇用本国什叶派人。外国警察往往随意搜查什叶派人员的住所，恶意破坏其财物，引起了什叶派的极大不满。另外，哈利法家族为了安全，还在巴林岛实行隔离政策。岛屿繁华的西部里法地区由哈利法家族居住，东部地区只对逊尼派开放，什叶派不能在里法居住，更不能在那里拥有土地。政府的投资主要集中于东部和里法地区，致使逊尼派和什叶派居住地区的生活条件和设施形成巨大的反差。为了改变国内两大教派的人口结构，巴林政府还鼓励外国逊尼派人移居巴林。

除此而外，比敦（含义是没有，即没有国籍）人的境遇也颇受外界关注。他们生活在巴林社会的最底层，主要是来自伊朗的什叶派。20世纪中期以后才进入巴林，有2万~3万人。比敦人虽然有些已到第三代，但不拥有巴林国籍，没有合法的居住权，无法享受社会权利和政治权利。他们被视为外国人，不能送孩子进公立学校，也不能接受免费医疗。比敦人生孩子还要向政府缴纳100第纳尔（约263美元）的生育税。

逊尼派

尽管巴林逊尼派人数较少，但自17世纪以来，逊尼派一直得到最有势力的哈利法家族的支持，在巴林占据优势与统治地位。18世纪，哈利法家族从卡塔尔移居巴林，宗教权威一直与部落权威形影相随。到19世纪末，统治者任命逊尼派法理学家主持诉讼法院，包括处理巴林部落间的争斗和私人家庭纠纷案件。宗教与政治形成统治联盟，前者为后者寻求政治合法性，后者则为前者提供庇护与保障。

特别提示

....

★ 巴林伊斯兰教中什叶派人数多，但是地位低，生活贫困，受到歧视；逊尼派人数少，但占据统治地位，生活富裕。

3　风俗与禁忌

巴林人家庭生活规范主要以部落习俗和伊斯兰教为基本准则，但处于中东各种力量汇聚的地缘政治格局，使得巴林家庭更具大都市开放性社会的特征。

家庭是巴林社会的核心单位，男人和女人大都按照宗教和习俗所规定的性别角色来规范自己。但是，巴林比中东很多国家更自由、开放，大多数城市妇女接受过教育，能够在企业中施展自己的才华。居住在乡村的妇女一般遵循传统的宗教规定和生活秩序，担负着相夫教子的职责。《古兰经》允许穆斯林男子娶4个妻子，条件是丈夫有能力供养他们，并一视同仁。巴林男子大都娶一个妻子，在家庭中，男人一般地位较高，享有权威。巴林小孩一般和家人住在一起，直到结婚。婚姻一般由父母做主，年轻人不允许私下约会，不过现在年轻人已经掌握了婚姻自主权。

（1）民族服饰

在乡村地区，大多数巴林人穿传统服饰。在首都麦纳麦等大都市，不少城市居民也穿着西方的流行服装。巴林妇女可以在公共场所抛头露面，头部、脸部和手可以露在外面。妇女穿传统棉丝做成的长袍，里面穿松散的内衣。长袍一般颜色明亮，上面有刺绣等装饰品。在特殊场合，妇女可以佩戴金银饰品。妇女遮脸的话，使用的是一种名为米尔法的网状遮盖物。男人的传统装束被称为思瓦卜，是带有长袖、没有领子的白布棉织长袍。男子在冬天一般穿着由驼毛制成的长袍。

（2）饮食文化

伊斯兰教对饮食有严格的规定，不食猪肉和不反刍的狗、马、驴、鸟类及没有鳞的水生动物。不食用非经伊斯兰方式宰杀的动物，也禁食动物血液制品。禁止饮酒。

巴林为伊斯兰国家，正式宴请须用清真餐，无猪肉食品，不上酒。但巴林社会比较开放，很多饭店可以提供猪肉和酒类。巴林人的饮食有丰富多彩的烹调风格，传统菜肴主要利用本地原料，包括水产品、羔羊、稻米和椰枣。鲜美食物一般都要加入香料。

巴林岛内土地肥沃，适合种植多种蔬菜和水果，如椰枣、香蕉、柑橘、石榴、黄瓜和西红柿。肉类主要来自其他国家，但在本地很容易获得鱼类和虾类。

巴林与其他阿拉伯国家一样，有喝咖啡的传统。巴林人会在咖啡中加上小豆蔻、藏红花，用小杯品尝。传统的习俗要求客人在饮尽一杯咖啡后，再饮第二杯。客人可以通过摇动杯子表示拒绝。

（3）日常礼仪

居民日常生活以伊斯兰教的生活方式为主。伊斯兰教徒每天要做五次礼拜，星期五和伊斯兰重大节日在清真寺集体做礼拜。伊斯兰教历9月全月为斋月，每天日出前1.5小时，至当天日落期间禁止饮食甚至不准吸烟，还禁止餐饮业在斋戒时间营业，并禁止任何人在公共场所公开饮食。

巴林人注重人际交往，十分重视礼仪。伊斯兰教律规定，同他人谈话时要面对对方，语言要文明、优美，说话要低声，待人和颜悦色，切忌粗暴。在社交场合一般行握手礼，十分亲密的友人行拥抱吻礼。如果女士同意，男女可握手。

官方会见无特殊礼节与风俗，穿着无特殊禁忌，商务场合应穿西装；女士无须穿黑袍、戴头巾，但裙装不可太短，须过膝。

访问均须先预约。按照当地的习惯，上班时间，政府机关实施一班制（早7点半至下午2点），民间为两班制，因此要注意拜会时间的安排。主人不邀请不能去家里拜访，贸然到访是不礼貌的行为。和中东其他国家一样，前往洽谈生意，要有礼貌及耐心，要持英文、阿拉伯文对照的名片。

特别提示

★ 必须尊重伊斯兰教的习惯，切勿拿宗教开玩笑。

★ 切勿强劝当地人吃猪肉和饮酒。

★ 切勿打扰当地人一日五次的礼拜；每年的斋月期间，切勿白天日落前公开进食、饮水、抽烟。

★ 根据会谈、社交、工作和休闲不同场合恰当着装。

★ 见面要先互致问候，再交谈。

★ 握手、敬茶、递物时均要用右手，用左手会被视为不礼貌。

★ 巴林有不少奇特的风俗和纪念日。相传在每年的伊斯兰教历8月15日夜，安拉决定人们一年的生死祸福，因此在这一天，穆斯林白天封斋，夜间诵经、礼拜，以求安拉赐福人间。

4 重要节日

巴林是伊斯兰教国家，星期五和星期六为周末休息日。政府部门工作时间一般为早7点半到下午2点；工作日为星期日至星期四5天。

商业部门的工作时间通常为早8点半至下午1点，下午4点半至9点；营业时间从星期六到星期四，共6天。

国家法定节日有14天，其中，每年1月1日（新年）、5月1日（五一劳动节）和12月16～17日（国王登基日）为国家假日。伊斯兰宗教主要节日有伊斯兰新年（伊斯兰教历1月1日）；阿舒拉节（伊斯兰教历1月9～10日）；圣纪节，即穆罕默德生日（伊斯兰教历3月12日）；开斋节（伊斯兰教历10月1～3日）；宰牲节（伊斯兰教历12月10～12日）。

扩展阅读：巴林的主要宗教节日

开斋节：伊斯兰教历10月1～3日。伊斯兰教规定，伊斯兰教历每年9月为斋月，凡成年健康的男女穆斯林，都应全月封斋，即每日从拂晓至日落禁止饮食、娱乐和房事。封斋第 29 日傍晚如见新月，次日即为开斋节；如果不见月，则再封斋一日，共 30 天，第 2 日为开斋节，庆祝一个月斋功圆满完成。

宰牲节：伊斯兰教历 12 月 10 ~ 12 日。这是伊斯兰教三大节日之一，一般在开斋节过后 70 天举行。据说，伊斯兰教的一位古代先知——易卜拉欣，在一天晚上，梦见安拉命令他宰杀自己的爱子伊斯玛仪，以祭献安拉，考验他对安拉的忠诚。易卜拉欣遵从安拉的旨意，安拉很受感动。第二天宰杀伊斯玛仪时，安拉派天使吉卜拉依勒背来一只黑头羊代替伊斯玛仪作祭物。从那以后，穆罕默德就把伊斯兰教历 12 月 10 日开始的 3 天定为"宰牲节"。

伊斯兰教新年：伊斯兰教历 1 月 1 日。第二任哈利法欧麦尔执政时，为纪念公元 622 年穆罕默德从麦加向麦地那的迁徙，将这一年确定为伊斯兰教历的纪年元年。

阿舒拉节：伊斯兰教历 1 月 9 ~ 10 日。"阿舒拉"是阿拉伯文"第 10 日"的音译，是伊斯兰教圣日。在阿舒拉节上，一些什叶派穆斯林会用铁链鞭打自己以纪念穆罕默德外孙侯赛因的遇难。

圣纪节：伊斯兰教历 3 月 12 日。阿拉伯语称之为"冒路德"节。相传，穆罕默德（约公元 570 ~ 632 年）的诞辰和逝世都在伊斯兰教历 3 月 12 日，穆斯林为纪念先知穆罕默德复兴伊斯兰教，遂在他诞辰和逝世的这天举行宗教集会，后逐渐演变为伊斯兰教节日之一。节日活动通常由当地清真寺的伊玛目主持。届时，穆斯林沐浴、更衣，穿戴整齐，到清真寺做礼拜，听阿訇念诵《古兰经》，讲述伊斯兰历史和穆罕默德复兴伊斯兰教的丰功伟绩。

巴林
BAHRAIN

第二篇

政治环境

巴林
BAHRAIN ···

一　国家体制

1　国体、元首及国家标识

　　巴林实行世袭君主制，国内禁止政党活动。设两院制议会，司法独立，实行三权分立。国家元首由哈利法家族世袭，掌握政治大权、经济大权和军事大权。

　　1999 年哈马德·本·伊萨·阿勒哈利法继任埃米尔。继位后，哈马德注意保持内、外政策的连贯性，政权实现了平稳过渡。2002 年 2 月 14 日，巴林国更名为巴林王国。2011 年 2 月，受西亚、北非地区部分国家政局突变影响，巴林爆发大规模反政府抗议活动，要求国王解散政府、改善民生、促进民主。应巴林政府要求，海合会军队进驻巴林协助维持秩序。2012 年以来，巴林国内局势逐步恢复稳定，但小规模示威游行时有发生。2013 年 2 月，巴林宣布重启新一轮全国和解对话，包括反对派在内的各政治派别出席，但对话未取得实质性成果。

巴林国旗

巴林国徽

2 宪法概述

巴林独立后第一部宪法于 1973 年 6 月 2 日颁布，同年 12 月开始生效。2000 年 11 月，哈马德埃米尔发表敕令，成立民族宪章全国最高制定委员会，负责制定民族宪章。2001 年 2 月，巴林举行全国投票，以 98.4％的支持率通过了《民族行动宪章》。2002 年 2 月 14 日，巴林颁布新宪法，改国体为王国制，修改国旗，确定新国歌，埃米尔改称国王；设两院制议会，加强司法独立，实行三权分立。

2012 年 5 月 3 日，巴林国王哈马德宣布修改宪法，给予议会更多权力。

二　政治制度

1　政体概述

　　巴林政体的突出特点是国家元首继承制度化，实行世袭的长子继承制，国家由哈利法家族进行统治。这一制度化的继承结构有利于限制王室内部的争权夺利，以实现政治权力的平稳过渡。巴林宪法规定，巴林的统治权实行世袭制，现任国王将传位给他的长子，如此世代相传。但是，国王也可以以继位诏令指定另一个儿子为继承人。自独立以来，哈利法家族一直统治着巴林。哈利法家族成员占据内阁职位一半以上。教育委员会和卫生委员会主席、警察与公共安全部大臣等职分别由王室成员担任。除中央一级外，巴林4个自治市、2个农村自治区委员会成员的一半由选举产生，另一半则由王室控制。

　　巴林在理论上实行行政、立法、司法三权分立，但实际上国王权力超越三权之上，拥有号令一切的权力。依据宪法规定，立法权属于国王与国民议会，行政权属于国王、内阁和各部大臣，司法审判权由法院以国王的名义实行。巴林拥有1500人的武装力量和1500人的安全部队，还有两支忠于政府的军队，都由国王领导，国王是国防军最高统帅。

（1）国民议会

　　1972年巴林选出制宪议会。1973年成立国民议会，1975年被解散。2002年10月，根据新宪法成立由众议院和协商会

议组成的两院制国民议会，两院享有同等立法监督权，通过的
法律草案须呈国王批准。众议院由 40 名直选议员组成，议长
由议员选出。协商会议由国王任命的 40 名议员组成，主席由
国王任命。两院议员任期均为 4 年，期满可连任。本届议会于
2014 年 12 月产生。

2012 年 8 月，巴林修改宪法，进一步扩大国民议会中众
议院的权力，包括众议院有权否决首相提出的组阁名单并对
副首相及内阁大臣进行质询，有关官员本人必须应询；有权
对首相提出不信任案动议，2/3 议员同意即可通过；国民议
会议长由协商会议主席兼任改为由众议院议长兼任；取消协
商会议对内阁大臣的质询权，使其仅作为立法机构，不再具
有监督权；每年审议下年度政府财政预算，监督当年预算执
行情况。

（2）最高司法委员会

最高司法委员会享有最高的司法行政管理权，对各法院及
其协作单位的工作进行管理。国王领导最高司法委员会，根据
最高司法委员会的建议敕令任命法官。

（3）国王和政府

国王是国家元首兼军队最高统帅，掌握政治、经济和军事
大权。国王由哈利法家族世袭，现任国王哈马德于 1999 年登
基，其长子萨勒曼·本·哈马德·阿勒哈利法任王储；内阁是
国家最高行政机构，内阁首相由国王任命，对国王负责。

政府的日常工作委任给一个由 23 位大臣组成的内阁处理。
本届内阁于 1971 年成立，最近一次调整时间为 2014 年 12 月，

共有 23 名成员，首相是国王的叔叔哈利法·本·萨勒曼·阿勒哈利法。

2 政治中心

　　巴林首都麦纳麦（Manama）位于巴林岛东北角，面积为 16 平方公里，人口有 26 万人，是全国政治中心、经济中心、文化中心，也是巴林最大的城市。麦纳麦市郊的阿瓦利是巴林的石油工业中心，阿瓦利炼油厂也是中东最大的炼油厂之一。麦纳麦港是一座现代化深水海港，能同时接纳多艘远洋轮船，是连接上下海湾和东西大陆的重要枢纽。麦纳麦一直是世界天然珍珠贸易中心，还是世界重要的金融中心之一，有阿拉伯世界的"苏黎世"之称，被誉为"中东的香港"。

　　20 世纪 40 年代，麦纳麦北部修建了通往巴林海峡的大门。到巴林的访问者一般都通过该拱门进入巴林。进入巴林海峡拱门后，便可以看到麦纳麦古老的露天剧场或者商场。巴林市场的货物价廉物美，样式齐备。巴林的黄金市场驰名世界。

　　麦纳麦是阿拉伯地区著名的绿色城市，被称为"海湾的新娘子"。在城市宽敞整洁的马路两旁和空地上，到处都是成排成片的树木，高大的椰枣树和棕榈树郁郁葱葱，遮天蔽日，风格迥异的街心公园里有各种热带植物，整个城市给人宁静安逸的感觉。在城市边缘的高速公路旁有两座纪念碑：一座是"珍珠"纪念碑，高达几十米的六根柱子托起一颗大珍珠，晚上在各色灯光的照射下，这颗大珍珠放射出奇异的光彩；另一座是

"航海"纪念碑，两边各有一个巨大的风帆，中间夹着一颗大珠，象征着巴林采珠业的发达。

麦纳麦有众多的宾馆、浴场、体育俱乐部和名胜古迹，其中有世界上最大的苏美尔人、亚述人和巴比伦人的古墓，是海湾地区的旅游中心。

巴林国家博物馆也是著名的旅游佳地，这里活灵活现的人造物品显示了巴林 7000 年的历史轨迹。《古兰经》研究中心藏有阿拉伯书法和《古兰经》手稿，学校和清真寺也是展示巴林传统文化的地区。麦纳麦地区有两个清真寺十分突出，一旧一新，对比鲜明。大约建于 1000 年前的卡米斯清真寺的两个尖塔是在 15 世纪才加上的。法塔赫清真寺建于 20 世纪 90 年代，内部可以容纳 7000 人。

3　主要政党

巴林禁止成立政党，但允许成立政治性团体。民间目前有全国团结协会、国家行动宪章协会、伊斯兰正统协会、伊斯兰全国和解协会、全国兄弟协会、权利运动、民主爱国行动协会、民主进步论坛、民族民主集团等 30 多个政治团体。

4　主要政治人物

哈马德·本·伊萨·阿勒哈利法：巴林现任国王。1950 年 1 月 28 日生于麦纳麦。曾在英、美军事学院读书，创建了巴林国防军。1964 年被立为王储，其后兼任武装部队最高统帅。1971 年巴林独立后任国防大臣。1999 年 3 月 6 日即位，成为巴林第十一任埃米尔，2002 年 2 月 14 日改称国王。

哈利法·本·萨勒曼·阿勒哈利法：巴林首相。1935 年生，国王哈马德之叔。1957 年任教育委员会主席。1959 年任政府秘书长。1960 年任财政内政大臣。1966 ～ 1970 年主持国家行政委员会工作。1970 年任国务委员会主席。1973 年被任命为首相。

萨勒曼·本·哈马德·阿勒哈利法：巴林王储。1969 年10 月 21 日生，国王长子。1992 年获美国华盛顿大学政治学学士学位，1994 年获英国剑桥大学历史哲学硕士学位。1995 年被任命为国防部次大臣。1999 年 3 月 9 日被立为王储，同年 3 月 22 日被任命为巴林武装部队副统帅。2013 年 3 月 11 日起兼任第一副首相。

5　政治局势

近年来，巴林政局最显著的特征是社会动荡，政局不稳。巴林国内种族和教派势力复杂，以国王和贵族为代表的逊尼派穆斯林占本国人口的 1/3，受到海湾阿拉伯国家合作委员会（以下简称海合会）其他逊尼派国家的支持，在政治上居于统治地位。占人口总数 2/3 的什叶派穆斯林在国家中处于边缘地位，政治地位低下，无力影响国家决策，由于各种限制，难以享有政治权利，因此，不论是政治和社会地位还是经济实力都无法与以哈利法家族为核心的逊尼派相提并论。他们多年来一直进行抗议斗争，要求政府提高其政治地位，增加就业机会，许多反对派领导人被捕。直至 1990 年，哈马德国王登基后，同意政治改革，释放反对派领导人，使反对派看到了希望，局势开始变得平稳。

2010 年"阿拉伯之春"爆发，摩洛哥、也门等国的民众通过抗议示威行动成功推翻了政府，驱逐了独裁统治者。受"阿拉伯之春"的影响，巴林反对派于 2011 年 2 月 14 日（巴林《民族行动宪章》公投十周年纪念日）开始走上街头抗议游行，要求教派平等，民主自由，要求逊尼派王室进行政治改革，并给予什叶派平等的政治权利。由于巴林王室一直未满足反对派的要求，反对派的抗议活动持续进行，并因后来举行的议会选举和曝出的王室贪腐丑闻而不断升级。抗议者并非仅针对政府，而是以改变整个政治体制为目标。巴林当局无力弹压，只好向海合会求救，海合会出兵驱散了占领接头的示威人群，和平示威逐渐变为暴力流血冲突。

2014 年 1 月巴林举行了第二十八届全民对话，但没有取得太多实质性成果，反对派继续举行街头抗议示威活动，与政府之间的暴力冲突时有发生。

2014 年 11 月 22 日，巴林举行全国议会选举，选举新一届议会议员。这是巴林于 2011 年发生示威活动以来举行的首次议会选举。

根据巴林选举委员会公布的数字，共有 266 名候选人角逐 40 个议员席位，但在第一轮选举中，只有 6 名候选人获得本选区超过半数选票而胜出。29日，巴林民众来到所在选区的投票站投票，选出22日议会选举中未赢得超过半数选票的议员席位。

巴林选举委员会还说，尽管占巴林人口多数的什叶派反对派进行抵制，但在第一轮选举中，巴林约35万名选民的投票率仍高达52.6%。不过，什叶派最大反对党维法格党称，投票率实际只有30%，选民是在压力之下被迫投票。而巴林政府指责反对派采取威胁恐吓和设置路障等手段阻止选民投票。

特别提示

★ 巴林历史较为悠久，其文化属于典型的阿拉伯文化。历史上曾受波斯帝国、什叶派穆斯林、逊尼派穆斯林、葡萄牙、英国等多个国家和不同宗教派别统治。近代发现大量石油资源以后，英国和伊朗又对巴林展开争夺，使巴林国内种族复杂，宗教派别矛盾难以消除，这是巴林社会不稳定的主要根源。

★ 巴林政治改革在海湾地区比较早，法制较为健全，公民信仰自由，社会经济比较自由，人民受教育程度及生活水平较高。作为海湾地区领先的商业和金融中心，巴林长期以来被认为是通往海湾地区的门户，巴林本国劳动力精通英语和阿拉伯语，商业运营成本低廉，这使巴林成为在海湾地区投资的好去处。

三　行政结构

1　行政区划

巴林全国有 5 个省，分别是首都省、穆哈拉克省、北方省、中部省和南方省。

2　主要行政机关

作为国家最高行政机构，内阁由首相、副首相和各部委的大臣组成。首相负责主持召开每周一次的内阁例会，监督和协调各部委的工作。

主要经济部门包括财政部、工商部、工程部、住房部、劳动部、市政与城市规划部、国家油气署和中央银行等。各经济部门的主要工作职责如下。

财政部：主管国家财政政策的制定与实施；工商部：主管工业和内外贸易；工程部：主管国家基础工程的规划设计与实施；住房部：主管居民住房的规划设计与实施；劳动部：主管劳动就业政策；市政与城市规划部：主管市政管理、规划及农牧渔业事务；国家油气署：主管石油和天然气开发利用方面的事务及相关政策和标准；中央银行：主管金融政策的制定和银行业的管理。

3　法律构成

　　1971 年，巴林实现独立，随后成为阿拉伯联盟的成员。
1973 年，巴林颁布了宪法。宪法规定："巴林是一个享有完全
主权的伊斯兰国家，其人民是阿拉伯人民的一部分，其土地是
大阿拉伯民族的一部分。"

　　巴林司法是根据西方民法，结合伊斯兰教法——沙里
亚——形成的制度。宪法规定，巴林司法机关在审判工作中保
持独立性。法官在审理案件时，不受任何外部力量干涉。为了
健全法制，1971 年巴林制定了《法院法》，改组全国法院系统，
成立各级法院，并规定其职能和管辖权。巴林设有最高司法委员
会，监督法院与有关官员的活动，对法院和检察院拥有管辖权。

　　巴林有比较完整的法律体系，如贸易法规体系、环保法律法
规、反对商业贿赂有关法律、有关知识产权保护的法律法规、涉
及保护知识产权和工业产权的法律、与投资合作相关的法律等。具
体包括《民法》、《统一海关法》、《工会法》、《反洗钱法》、《工业注
册法》、《商业注册法》、《公司法》、《产品规格和质量法》、《商业秘
密法》、《破产保护法》、《商标法》、《电子商务法》、《专利法》、《商
业代理法》、《劳动法》、《工业法》、《土地法》和《版权法》等。

4　主要司法机构

　　巴林设有普通民事司法法院（以下简称民事法院），包括

即决民事法院、初级民事法院、高等民事法院、最高上诉法院
（对刑事案件与商业纠纷均拥有司法权）、最高法院和执行法院。
另外，根据巴林教派结构的特征，巴林设有沙里亚法院；此外，
还设有特殊法院。

（1）民事司法法院

民事司法法院是法律体系的权威与主体，职权分为两个部
分：民事与商业司法管辖权、刑事管辖权，主要对涉及民事、
商业以及非穆斯林的案件进行判决。

即决民事法院。受理由时间的推迟导致财产损失索赔的
案件。

初级民事法院。每个初级法院由一名法官组成，审理索赔
金额小的民事案件，有时对涉及不动产的商业案件也有判决权。

高等民事法院。院址位于麦纳麦，由法院院长提出请求，
在司法委员会批准的情况下，法院在麦纳麦之外的地方也可开
庭审理案件。高等法院审理初级法院范围之外的民事和商业案
件；对非穆斯林的个人身份法案件也有审判权，对非巴林公民
也有司法管辖权；审理初级法院上诉案件，也是即决民事法院
的上诉法院。

最高上诉法院。由一名院长和一定数量的法官组成。

最高法院。由一名院长、一名副院长和三名法官组成。处
于巴林司法层次的顶层，对涉法各方而言是最高司法机构，对
非穆斯林的民事、商业、刑事等案件有最终裁决权。涉及民事、
商业、刑事案件时，有权监督法律的适当和正确使用。

执行法院。对初级法院、高等法院以及高等上诉法院的判

决有执行权。

特别的，民事法院依据基本法对行政案件有司法管辖权，为此，巴林还设有行政法庭。

（2）沙里亚法院

沙里亚法院分为三级：沙里亚初级法院、沙里亚中级法院及沙里亚高等上诉法院。每一级法院履行不同的职责。

沙里亚法院按照教派分为逊尼派法院和什叶派法院，受理私法领域的案件，包括婚嫁、监护、收入、嫁妆、离婚、待婚期、家庭关系、哺乳、遗嘱以及继承等方面。现在沙里亚法院已不像从前那样重要，仅仅是国家设立的一种辅助性的民事审判机关。逊尼派法院审理逊尼派教徒的案件，什叶派法院审理什叶派教徒的案件。

（3）特殊法院

第一，军事法院。1970年9月10日，巴林埃米尔颁布法令成立军事法院，对涉及巴林国防军（巴林军队）人员的案件进行审理。军事法院由一名院长和两名普通军事法官组成，听证处罚两年监禁、罚金至少为300巴林第纳尔的案件。军事法院对军队内在编人员的刑事犯罪进行判决，如果被告是一名军官，则要求法院院长的军衔必须高于被告的军衔。根据巴林军事法院法第14款规定，军事法院的判决必须得到巴林国防军最高统帅的认可才有法律效力，即巴林国王对军事审判有最后的决定权。

第二，统治家族理事会。这是一个独立的法院，对涉及统治家族成员的所有个人身份和经济事务的案件有司法管辖权。由于统治家族理事会的特殊性、隐秘性，其组成、诉讼程序无从得知。

四　外交关系

1　外交原则

巴林奉行温和务实、中立和不结盟的外交政策。主张加强海湾国家间的团结与合作，致力于推进地区一体化建设。巴林是联合国、阿拉伯国家联盟和海湾合作委员会的成员。同美国、英国关系密切，经济上得到沙特阿拉伯的巨额资助。近年来，开始注意兼顾东西方外交平衡，已同 156 个国家建立了外交关系。

巴林是海合会国家中人口最少、国土面积最小的国家，经济实力较弱。但由于巴林较早实行自由开放的经济政策，是海湾地区对外开放程度最高的国家，因此成为地区多元化典范和国际金融中心，在海湾地区拥有独特的影响力。

2　对外关系

（1）与美国的关系

巴林对美国具有非常重要的军事战略意义，一直是美国在中东地区最坚定的非北约盟友之一。两国关系密切，巴林是美国的盟国，美国也是巴林重要的贸易伙伴。1999 年 2 月美巴签署两国投资保护协定，巴林成为与美国签署类似协定的第一个海湾国家。2004 年 9 月，巴美正式签署自由贸易协定，自

2006 年 8 月 1 日起实施。2011 年，巴美双边贸易额达 18 亿美元。

（2）与英国的关系

英国与巴林的交往有悠久的历史，二者关系不仅体现在历史上的殖民管理方面，而且表现在现实中的商业贸易往来方面。

哈马德即位后，英国与巴林的经济和政治交往更加密切。1999 年末，哈马德埃米尔第一次访问英国，并与伊丽莎白二世和政府高级官员进行会谈。2001 年，两国签署了旨在加强军事合作的新防御协定。2004 ~ 2006 年，巴林哈马德国王、萨勒曼王储等相继访英。2006 年 9 月 6 日，巴林财政大臣和英国商务、投资及外交国务大臣签订了双边谅解备忘录，加强两国在投资、金融、通信、信息技术、卫生、教育、职业培训、生产加工等领域的进一步合作，并为此成立专门委员会跟踪相关信息。2010 年 7 月，巴林国王哈马德访问英国，进一步推进了两国关系的发展。

（3）与印度的关系

自从独立以来，巴林与印度外交关系的一个显著特点就是平稳发展，没有任何潜在紧张的迹象。形成这种关系的主要原因是两国的规模、结构、政治进程阶段、经济发展的进度比较一致。二者关系主要表现在历史上的联系、政治领域的互助、经济与技术范围的合作以及文化上的交往等方面。

自 1973 年以来，两国领导人定期互访。1981 年 4 月 27 ~ 30 日，巴林埃米尔伊萨本·萨勒曼·哈利法访问印度，这是印巴关系的转折点，双方签署了第一个文化交流项目协议。

1982 年，印度总理纳拉辛哈·拉奥访问巴林。

　　进入 21 世纪以来，印度巴林双边在投资、经贸方面的合作发展良好，两国的贸易交往范围进一步扩大。2006 年，双边贸易额达到了 5.5 亿美元，印度从巴林进口约 4 亿美元，其中 2/3 为石油制品，对巴出口约 1.5 亿美元，其中的 35% 为食品。

（4）与卡塔尔的关系

　　巴林和卡塔尔对两国海域间的哈瓦尔群岛和卡塔尔半岛上的祖巴拉地区的归属存有争议，两国为此曾兵戎相见。1986 年底双方曾因法什特迪贝尔珊瑚礁群岛的主权归属问题发生武装冲突。经海合会成员调停，1988 年双方同意协商解决领土争端。2001 年 3 月，巴林与卡塔尔签署了协议，两国关系迅速升温。海牙国际法庭将哈瓦尔群岛判给巴林，卡塔尔对祖巴拉岛、贾南岛、吉塔特杰拉代岛拥有主权，法什特迪贝尔岛主权属于卡塔尔。卡塔尔接受了这一裁决，宣布领土争议已经成为"历史"。

　　巴林—卡塔尔跨海大桥项目在 2001 年公布，到 2008 年时增加了铁路项目。原定 2010 年开工，预计耗时 51 个月工期完成，2014 年完成公路桥，2015 年完成铁路桥。工程将耗资 40 多亿美元，桥总长约 40 公里，届时将可能是世界上最长的跨海大桥。该工程是巴林和卡塔尔两国之间规模最大的基础设施建设项目之一。

（5）与沙特阿拉伯等国的关系

　　巴林注重与海湾其他国家改善关系。尽管与沙特阿拉伯、科威特等国有一系列共同利益，但巴林在这些国家间实行平衡战略，不愿看到任何一国成为地区的霸主，主导海湾地区话语权。

　　巴林与阿拉伯海湾国家的关系经历了从敌意到亲密合作，从依赖大国安全战略到地区合作安全战略的转换。巴林国内逊尼派和什叶派的教派分歧和族群矛盾使得巴林政府对邻国沙特阿拉伯和伊朗的关系十分敏感，二者的亲疏严重制约着巴林外交政策。沙特阿拉伯长期以来一直主导着巴林对外政治、经济等层面的行动。巴林哈利法家族与沙特王室保持着特殊关系。沙特长期对巴林政治、经济上给予巨大支持：出资修建了连接两国的跨海大桥，1997年将阿布萨法油田开采权（最高可日产30万桶）的一半转让给巴林，该油田产量占巴林全部石油产量的80%。另外沙特每天通过输油管向巴林低价出口石油20万～25万桶。2003年以来巴美关系日益亲密，使沙特阿拉伯十分恼火。在沙特阿拉伯看来，《美国－巴林自由贸易协定》威胁到了海合会这一地区组织。但是沙特阿拉伯并没有对巴林采取惩罚性的措施，也没有与巴林断绝联系，只是违背巴林的意愿扩大阿布萨法油田的产量。

　　巴林主张与沙特阿拉伯、卡塔尔等海湾国家进行军事合作，海湾国家签订了一系列相互防御协定。巴林建议海湾国家成立海军部队，但并没有得到支持。巴林谋求与埃及建立友好关系，1974年，两国达成协议，分享技术和交换专家。1976～1977年，巴林在调解亲西方的阿曼和伊拉克关系上扮演着牵线搭桥的角色。

　　2012年11月7日，巴林国务大臣兼国家油气局局长阿卜杜拉·赫曼表示，巴林相关部门正与沙特阿美石油公司进行协商，计划提高从沙特进口的原油量，从目前的 23 万桶 / 天增加到 35 万桶 / 天。与此同时，巴林计划将本国的原油炼化能力从目前的 26.7 万桶 / 天提升至 40 万 ~ 50 万桶 / 天。为此，未来 15 年内巴林需要在油气领域新增投资 150 亿美元。巴林和沙特两国还计划修建一条总造价 3.5 亿美元的新输油管道，用于原油输送。两国现有的原油输送管道建于 1945 年，日均输油能力约为 22 万桶。

（6）与伊朗的关系

地理位置及人口构成等因素使得巴林与伊朗的关系敏感而微妙。在伊朗统治者看来，巴林是伊朗领地天然的组成部分，历史上如此，现在还是如此。因此，巴林不断应付来自伊朗的外部挑战。不论是巴列维统治时期，还是霍梅尼伊斯兰共和国时期，伊朗都对巴林群岛的主权提出过要求。在巴林独立之初，巴林哈利法家族为抵制伊朗的这些要求，在联合国与中东地区进行外交斡旋，赢得国际社会的支持。

1981 年底，巴林和伊朗的关系降到了冰点，当时伊朗支持的伊斯兰激进势力试图在巴林国内煽动反哈利法家族的民众骚乱。在逮捕了这些煽动者以后，巴林与伊朗的关系进行了适应性调整。1983 年，伊朗军队向伊拉克领土推进，巴林对伊朗进行善意的警告。1984 年春，两伊发生了"坦克战"，巴林支持伊拉克，称伊朗对伊拉克的军事行动是严重违反国际法和联合国宪章的"侵略"行为。

1997 年，哈塔米当选为伊朗总统，两国关系出现缓和迹象。2002 年 8 月，哈马德国王对伊朗正式访问，两国发表声明，反对美国军事打击伊拉克。2003 年 5 月，伊朗哈塔米总统回访巴林。

2005 年 10 月，巴林外交大臣哈立德与到访的伊朗外交部部长穆塔基在麦纳麦会谈后发表联合公报，双方对伊拉克安全局势表示忧虑，强调国际社会应该做出更大努力，以实现伊拉克安全与和平。关于伊朗核问题，巴林认为伊朗有和平利用与发展核能的权利，希望一切核活动应置于国际原子能机构的有效监管下，并确保限于民用。巴林主张中东、海湾地区无核化。巴林对伊核问题升级表示担忧，强调该问题应通过联合国安理会及国际原子能机构的调解得到最终和平解决，任何极端的解决方式都将使本地区陷入灾难。巴林外交大臣哈立德在会谈中强调，必须保证伊朗的安全与和平，要求国际社会依据《不扩散核武器条约》公开、透明地解决伊朗核问题。

（7）与伊拉克的关系

1968 年后，伊拉克开始向巴林传播复兴党的革命民族主义原则，巴林国内掀起民族主义运动。1972 年 4 月，伊拉克与苏联缔结友好贸易协定，巴林政府公开反对伊拉克的亲苏行为。1971 ~ 1975 年，伊拉克极力消除西方力量对海湾地区的影响，推动海湾地区的民族主义运动。伊拉克复兴党指责巴林埃米尔允许美国军队进入本国领土，默许伊朗在海湾地区扩大影响。在这种情况下，巴林与沙特阿拉伯等海湾国家建立友好关系以抵抗伊拉克复兴党民族主义的威胁。

随着伊拉克复兴党民族主义对外输出革命理念的停止，海湾国家与伊拉克的关系开始缓和。

两伊战争爆发前，巴林与其他海湾国家的关系遵循一条清晰的轨迹：当伊拉克的政策是威胁或削弱巴林时，巴林就开始拉近与其他海湾国家的关系，特别是与沙特阿拉伯的关系。但是巴林并不只是依赖沙特阿拉伯，它还与约旦和其他国家发展外交关系，减少沙特阿拉伯的牵制。

伊朗伊斯兰革命后，巴林与伊拉克的关系出现了缓和。海湾战争期间，巴林反对伊拉克入侵科威特，要求伊拉克全面执行安理会有关决议，呼吁联合国安理会在解决伊拉克问题上发挥重要作用。伊拉克战争爆发前夕，哈马德反对美国对伊拉克实施军事打击。2002 年 8 月 18 日，哈马德访问伊朗期间，同伊朗领导人在德黑兰发表联合声明，反对任何针对伊拉克的单方面军事打击。声明还指出，巴林和伊朗两国政府都对"即将笼罩本地区的威胁"非常关切。哈马德指出："我们必须防止外来势力以任何借口袭击伊斯兰国家，伊斯兰国家面对任何危机和外来威胁时必须采取共同立场。"

2003 年初，在英、美联军即将对伊拉克发动大规模进攻之际，哈马德还在为和平解决伊拉克问题而奔走游说。伊拉克战争后，巴林要求国际社会尽快参与伊拉克重建，认为一个统一、稳定、拥有主权的伊拉克是中东地区实现和平的基础。主张联合国应在"伊战"后的政治安排上发挥主导作用。支持伊拉克政府为实现民族和解采取的措施，要求停止暴力和乱杀无辜，认为外来干涉是造成武装袭击的根源。

3　主要国际参与

　　巴林是联合国、阿拉伯国家联盟和海湾合作委员会的成员，是阿拉伯石油输出国组织成员，不是石油输出国组织成员，不是亚投行成员。

巴林
BAHRAIN

第三篇

经济状况

巴林
BAHRAIN ....

一　能源资源

1　主要能源及分布

巴林石油探明储量为 2055 万吨，天然气探明储量为 1182 亿立方米，是海湾地区油气资源最少的国家。

2　主要资源及分布

（1）植物、动物资源

巴林的植物具有耐干旱、耐盐碱的特点。巴林北部海岸生长有椰枣树、杏仁树、无花果和石榴树。巴林岛上有羚羊、蝎子、蛇、野兔和刺猬等动物。巴林岛鸟类繁多、品种各异，大多是从海湾其他地区迁移来的季节性候鸟。

（2）淡水资源

巴林地下蓄水层蕴藏着丰富的淡水资源。几千年来，巴林一直是印度和其他国家船只淡水的补充基地。巴林的淡水资源主要用于土地灌溉和居民饮用。但随着淡水层的衰退和下降，海水逐渐倒灌并渗透到淡水层，这使得巴林岛的农业灌溉用水和生活用水出现紧张。为解决这一问题，巴林引进新技术，修建了许多脱盐和海水淡化工厂。1997 年，巴林 50% 的淡水资源来源于海水淡化工厂。巴林还陆续与意大利公司和英国公司签订淡水供应合同。麦纳麦城市地下水资源极为丰富，汩汩涌出的泉水形成片片小湖和条条溪流，使这个岛国的景色格外优美。

二 基础设施

1 重要交通设施

（1）陆路运输

巴林首都和主要城镇有公路相连，公路交通便利。2013 年境内公路总长为 4274 公里，铺装路面为 3544 公里，其中主要道路（高速）为 563 公里，二级道路为 656 公里，其他道路为 2325 公里；未铺装路面为 730 公里。截至 2013 年 12 月，巴林登记注册的机动车数量为 54 万余辆。

巴林—沙特跨海大桥及海中人工岛
图片提供：达志影像

为了缓解和改善日益拥挤的地面交通，巴林计划修建轻轨，已委托国际咨询顾问公司进行项目可行性论证。

巴林通过法赫德国王大桥连接沙特。大桥于 1986 年 11 月 26 日正式竣工，全长约 25 公里，宽 23.2 米，双向有 6 条车道，平时使用 4 条车道，最外面的 2 条车道供应急和临时停车使用。每日过境车辆有 1 万多辆，过境人数有 2.5 万人。大桥的建成密切了沙特和巴林的关系，加速了两国的经贸往来。沙特生产的货物直接从工厂用货柜车经大桥运到巴林，运输成本降低 26%。同时，大桥对海湾国家的人流和物流，对整个海湾地区的产业布局产生巨大影响。此外，巴林和卡塔尔政府正商建两国间跨海大桥。

（2）铁路运输

巴林目前无铁路。海合会第三十届峰会规划修建连接海湾六国的铁路网项目，从科威特城延伸至马斯喀特，投资总额为 15 亿美元。线路总长度为 2170 公里，预计为客货两用，客运时速 200 公里，货运时速 80 ～ 120 公里。目前各国正在制定详细的工程设计方案，海合会总秘书处负责协调各国的工作，保证工程质量符合国际标准。

作为海合会铁路网的一部分，巴林—沙特铁路桥预计长度约 30 公里，2014 年第一季度完成可行性研究。

（3）水路运输

巴林的哈利法·本·萨勒曼港于 2009 年 4 月正式启动商业运营。该港属于深水港，有 14 个泊位、2 个集装箱轮泊位和一个滚装船泊位，可停泊 6 万吨级轮船。港区面积为 90 万平

哈利法·本·萨勒曼港
图片提供：达志影像

方米，仓库面积为 2.36 万平方米，集装箱堆场可存放标准货
柜 1.08 万个；泊位水深 15 米，长 1800 米，其中货柜船泊
位 900 米、滚装船泊位 600 米、客轮泊位 300 米。年吞吐能
力为 110 万个集装箱，实际吞吐量为 53 万个。

此外，巴林还有米纳·萨勒曼港、穆哈拉克港以及其他供
企业自有的专用码头。米纳·萨勒曼港曾是巴林最大的海港，
面积为 86.7 万平方米。自哈利法·本·萨勒曼港于 2009 年 4
月正式启用后，该港口就结束了国际商用运行。

（4）航空运输

巴林是连接东西方的空中交通枢纽，现有 5 个机场。位于
穆哈拉克岛的巴林国际机场，飞机日均起落 300 余架次，是中

巴林国际机场

图片提供：达志影像

东地区最繁忙的空港之一。2013 年巴林国际机场全年运送旅客 737 万人次，货物和邮件运量为 36.8 吨，飞机起落 10.12 万架次。

目前巴林国际机场有 41 家航空公司入驻，能够飞往世界大部分国家和主要城市。

特别提示

★ 中国到巴林的航线有：北京（上海、广州、重庆、香港）—多哈—巴林（卡塔尔航空）、北京（上海、广州、香港）—迪拜—巴林（阿联酋航空）、北京

（上海、成都）—阿布扎比—巴林（阿提哈德航空）、
香港—迪拜—巴林（国泰航空）等。

（5）电力设施

巴林发电能力达 4000 兆瓦，可以满足国内生产和生活需
要。2009 年完成的海合会国家互联电网，有效地降低了区内电
力管理成本并能调剂余缺。

2012 年巴林共有 33 千伏变电站 10 座，66 千伏变电站
114 座，22 千伏变电站 21 座。

2　重要通信设施

1967 年 1 月，英国通信公司在巴林阿布贾祖尔角地区修
建卫星转播地面接收站。目前，巴林拥有 4 个卫星地面站，与
国际卫星组织及阿拉伯卫星组织的卫星相连。1981 年，巴林政
府取得了巴林美国电信公司 60% 的股份。1992 年，巴林电信
公司完成了网络数字化。1994 年，巴林政府投资 4870 万美元
升级网络系统。1995 年，巴林电信公司在国内拓展网络服务，
随后又成立了巴林电信公司中东公司，追求丰厚的海外利润。
1996 年，海湾四国共投入 2 亿美元投资海底光缆项目。2001
年，哈马德国王承诺结束巴林电信公司对市场的垄断，开放巴
林电信市场。同年，巴林电信公司购买了阿拉伯网络信息服务
公司 75% 的股份，为阿拉伯地区提供网络服务。2002 年巴林

电话线路有 16 万余条，平均每 4 人一条，移动电话数超过普通电话数。巴林首都麦纳麦机场是海湾最早接纳喷气式客机的机场。因此，许多外国银行想在海湾地区发展业务。

21 世纪以来，巴林电信实现市场化。2002 年，巴林建立了电信监管局。2003 年春，电信监管局授予科威特移动电信公司 15 年的许可证，建立了巴林第二个移动通信网络全球系统。巴林的移动电信 – 沃达丰公司中的 60% 由移动电信公司拥有。英国的沃达丰公司与巴林移动电信公司签署合作协议，移动电信公司可以利用沃达丰公司的品牌，但是英国公司并没有平等的份额，公司的其余份额由地方机构和私人投资者持有。2003 年 7 月，巴林电信监管局授予网络公司第三代服务的特许权，放宽互联网服务的所有限制。2004 年，巴林电信监管局发放第二张移动通信许可证给沃达丰公司，打破了巴林电信的垄断地位。同年 7 月，巴林开始了宽带网络的招标。

截至 2013 年，巴林有一家本国综合运营商巴林电信公司（Batelco）、两大跨国移动运营商子网 Zain 和 VIVA，以及十多家宽带、语音、服务提供商。巴林电信监管局连续两年被评为中东非洲区域最佳监管机构。巴林有移动电话用户 225 万名，渗透率为 182%；有移动运营商 3 家；有固定电话用户 25.7 万名，渗透率为 21%。巴林有 13 个邮政局，便利程度较高。

三 国民经济

1 宏观经济

（1）概述

2009 年，受国际金融危机的影响，巴林经济出现负增长，2010 年开始恢复增长。2011 年巴林遭受社会动荡，虽然在油气产业的支撑下维持了低速增长，但投资和消费低迷，财政压力增大。2012 年经济出现复苏，石油行业在 2012 年部分检修停产后恢复产能，2013 年巴林经济增长率为 5.3%，GDP 总量为 330.27 亿美元，人均 GDP26874 美元。2014 年巴林国内生产总值为 340 亿美元，人均国内生产总值为 3.3 万美元，国内生产总值增长率为 4.3%。有关情况参见下表。

巴林主要经济数据（2008 ~ 2013 年）

指 标	2008 年	2009 年	2010 年	2011 年	2012 年	2013 年
GDP（亿美元）	219.05	205.99	217.30	258.20	308.00	330.27
GDP 增长率（%）	18.60	−5.96	3.90	2.20	3.40	5.30
人均 GDP（美元）	19797.00	18616.00	17601.00	21607.00	25121.00	26874.00
人口（万人）	110.65	—	123.46	119.50	122.61	122.90

资料来源：中国商务部。

2013 年，巴林的通货膨胀率为 3.3%。

（2）国际收支

2014 年，巴林进出口总额为 352 亿美元，进口额为 138 亿美元，出口额为 214 亿美元；外汇储备为 57.3 亿美元。

（3）外债

巴林外债问题一直比较严重。1990 年外债额为 16 亿美元，1991 年为 24 亿美元，1999 年达到 28 亿美元。2003 年，巴林发出 5 亿美元的欧洲债券。2004 年债务升到 61 亿美元，占 GDP 的 61%。巴林银行从国际银行借贷，投资工业与基础设施项目。2006 年，巴林外债升至 71 亿美元。2012 年，巴林外债总量达到 252.7 亿美元，人均外债 13261 美元，占 GDP 总量的 65%。巴林公共债务余额为 102.9 亿美元，其中，政府发展债券余额为 44.4 亿美元，国库券余额为 24.7 亿美元，伊斯兰租赁债券余额为 32.4 亿美元，伊斯兰抵押债券余额为 1.4 亿美元。2012 年底，巴林外债余额约 40 亿美元。

截至 2014 年 6 月，各主要评级机构对巴林主权债务的评级见下表。

巴林主权债务评级

评级机构	评　级	前景展望
标准普尔	BBB	稳　定
穆　迪	Baa2	负　面
惠　誉	BBB	稳　定

资料来源：中国驻巴林大使馆经济商务参赞处。

（4）财政收支

2012 年，巴林财政收入增长 21%，达到 30.3 亿第纳尔（约合 80 亿美元）。收入大幅增长主要是因为石油和天然气收入提高。巴林和沙特阿拉伯共同拥有艾布萨法油田，巴林 67%的财政收入来自这块油田。2012 年，巴林的财政支出也增长了14%，达到 32.6 亿第纳尔（约合 86 亿美元）。除石油收入外，巴林近年来着力发展旅游业和金融业，以实现经济收入多元化，减少对能源出口的依赖。

根据巴林政府决算数据，2013 年财政收入为 78.60 亿美元，财政支出为 89.54 亿美元，当年赤字为 10.94 亿美元。根据政府预算，2014 年财政收入为 74.50 亿美元，财政支出为94.60 亿美元，赤字为 20.10 亿美元。

2 贸易状况

（1）贸易发展

2013 年巴林的外贸总额为 396 亿美元。其中出口总额为243.2 亿美元，货物贸易出口额为 210.1 亿美元，其中石油产品出口额为 153.5 亿美元，非石油产品出口额为 56.6 亿美元；服务贸易出口额为 33.1 亿美元。进口总额为 152.8 亿美元，货物贸易进口额为 137.1 亿美元，其中石油产品进口额为 85.2 亿美元，非石油产品进口额为 51.9 亿美元；服务贸易进口额为 15.7 亿美元。

（2）贸易伙伴

巴林的主要贸易伙伴包括沙特、美国、日本、阿联酋和中国等国家和地区。

（3）贸易结构

巴林主要出口产品是原油和成品油、球团矿和铝，主要进口产品是原油、铁矿石、焦炭、精制糖和大米等。

（4）辐射市场

巴林签署多边及双边贸易协定超过68个，涵盖了投资促进及保护、规范税收及所得、经济贸易及技术合作等方面。巴林于2004年9月14日与美国签订了《巴林-美国自由贸易协定》，自2006年8月1日生效。根据该协定，99%的工业和农业产品（另外1%将于2016年开始实施零关税）可以零关税进入美国，并由此进入与美国签署自由贸易协定的其他国家和地区。

区域性贸易协定。巴林是海合会、大阿拉伯自由贸易区成员以及阿拉伯石油输出国组织成员。对海合会其他成员的辐射。2008年1月1日启动的海湾共同市场使区域内劳动力流动、资本流动和土地交易便利化，将极大地促进成员的经济发展。同时，成员成立了关税联盟，货物只在进入区域内时收取统一关税，在成员之间可自由流动，无须再缴纳费用。对其他市场的辐射。根据大阿拉伯自由贸易区协定，制成品在成员国之间流通不需缴纳关税。由于巴林社会环境较为开放和宽松，交通相对便利，会展、宾馆餐饮、旅游等服务业比较发达，对沙特东部以及科威特居民具有较强的吸引力。

巴林于1972年9月7日加入国际货币基金组织，并于1995年1月1日正式成为世界贸易组织成员。

（5）贸易主管部门

巴林主管贸易的政府部门是工商部（Ministry of Industry and Commerce），该部按工业和商业两大业务系统分设主管部门。其在贸易方面的职责是协调并制定外贸政策，对外联系并谈判多边、双边协议，负责商业注册、公司成立及监管，负责珠宝首饰检验、审计公司监管、行业标准制定和电子商务管理，以及消费者权益和知识产权的保护和监管等。

（6）贸易法规体系

巴林与贸易相关的主要法律有《工业注册法》、《商业注册法》、《公司法》、《产品规格和质量法》、《商业秘密法》、《破产保护法》、《专利法》、《商标法》、《电子商务法》和《商业代理法》等，以及工商部根据有关立法颁布的实施细则。有关法律可以在工商部网站上找到文本（www.moic.gov.bh）。

（7）贸易管理的相关规定

根据巴林商业法规的规定，非巴林籍公民不能直接从事商业活动，除非与巴林籍公民合伙，并且巴方占股 51% 以上。

巴林是一个资源匮乏的国家，其所需的生产资料与生活资料多数靠进口。除少数商品禁止进口或受进口许可的限制外，其他货物的进口均由市场来调节，无配额制度。但国家控股的铝厂、炼油厂生产所需原材料由公司专营，并有自己的固定进口市场。关系民生的大宗食品由政府指定的公司经营。石油及石化产品由国家控股的专营公司经营出口。

禁止进口物品包括：所有麻醉药品（海洛因、可卡因、大麻以及具有类似效果的药品），印度槟榔及其制品，二手轮胎及翻新轮胎，人工养殖珍珠，香烟广告，无线电及遥控飞机模型，能够发射子弹的儿童玩具枪支，原产于以色列或者印有以色列商标或者标识的货物，违背伊斯兰教义、礼仪或者道德规范的印刷出版物、照片、图片、书籍、期刊、雕塑和展示用模特，煽动蛊惑类宣传材料，石棉及含石棉制品，象牙、象牙制品和犀牛角、活猪。

以下物品进口需要获得有关部门颁发的进口许可证书。

进口物品许可证书及发证机构

项　目	许可证书种类	发证机构
活的野生动物（仅供马戏表演）马匹	同意进口证书（内政部）和（或）有效凭证（兽医管理署）	市政与城市规划部
动物、鸟类及其副产品 动物及植物肥料 杀虫剂和杀菌剂 肉及肉制品 鱼类及海鲜产品 水果和蔬菜 植物	同意进口证书	市政与城市规划部
放射性化学物品和活跃同位素 食品（包括加工和未加工药物）	卫生部进口许可证书	卫生部
乙醇、异丙醇 手推四轮小车 钢制或铁制手铐 武器、弹药、爆炸物和军用武器	进口许可证书	内政部
期刊和出版物 影视制品 光学和磁视听介质 侵犯知识产权的产品	进口许可证书	文化部
电信、广播及电视接收和广播设备	进口许可证书	电信监管局

资料来源：中国驻巴林大使馆经济商务参赞处。

　　禁止出口物品包括：各种燃料和享受政府补贴的物品，如柴油，以及享受政府补贴的各类面粉、牛羊肉和标有"Delmon"商标的肉鸡都禁止出口。

　　以下出口物品需要获得有关部门颁发的出口许可证书。

出口物品许可证书及发证机构

项　　目	许可证书种类	发证机构
活的马匹	出口许可证书	马术和赛马俱乐部
骆　驼	出口许可证书	宫　廷
棕榈树幼苗	出口许可证书	市政与城市规划部
垃圾和废弃物	出口许可证书	最高环境委员会
古　董	出口许可证书	文化部

资料来源：中国驻巴林大使馆经济商务参赞处。

　　以上产品目录可在巴林海关网站（www.bahraincustom.gov.bh）查询。

（8）海关管理的相关规定

　　管理制度。巴林是海合会的成员，于2002年6月18日起执行海合会统一的海关法。该法共17章179条，对商品的进出口、海陆空运输、商品检验、清关及关税税率等都做了统一的规定。成员可自行决定允许进口的"宗教禁止的货物"问题。

　　进口货物清关时需提供以下单据：报关单；货运代理商出具的进口商/收件人到货通知单；出口商签发给进口商发票的复印件3份；包括重量、包装和货物分类信息在内的包装清单复印件2份；原产地国家商会出具的货物原产地证明；保单复印件；提单原件；限制进口产品的进口许可证书；银行通知书／担保（如果有）；货物最终目的地是不是海合会国家（地区）的声明。

关税税率。巴林执行海合会国家（地区）关税同盟，并与美国签署了自由贸易协定。①海合会国家间为零关税；②根据海合会国家关税同盟规定，除53种免税商品外，其余1236种商品统一征收5%的关税。海合会国家进口货物在该货物抵达第一个海合会国家港口时征收5%的关税，而后转运至其他海合会国家时不再征收关税；③除列明的80种商品外（过渡期已于2014年结束，关税为0），对原产自美国的商品实施零关税；④对于某些商品，如香烟、烟草制品和各种酒精饮料实行特殊关税，如酒精饮料税率为50%，烟草税率为100%，并且须获得进口许可证书；⑤对于因展览、维修和贸易样品进口的商品，在提供海关必要证明和办妥手续后，免征关税；⑥出口和再出口（转口）产品免征出口关税，但是再出口货物发运人须向海关提供原始发票和清关手续。

3 投资状况

（1）外国投资状况

巴林历史上曾以珍珠捕捞闻名，长期以来就是海湾航运的重要中转站。20世纪30年代，巴林成为海湾地区最早发现并开采石油的国家，石油与石化产业成为其支柱产业。从20世纪70年代末起，巴林开始实行自由开放的经济政策，积极推进经济多元化战略，重点发展金融、贸易、旅游和会展等产业，减少对油气产业的过度依赖，目前已成为海湾地区金融中心之一。旅游服务业较发达，尤其是对沙特、科威特等国游客吸引力很强，每年从沙特巴林大桥进入巴林的游客近1000万人次。

巴林当前宏观经济形势基本稳定，国际油价保持相对高位，金融业持续稳健经营，建筑、旅游等行业逐渐回暖。为刺激经济增长，巴林政府加大基础设施、住房和其他民生领域的支出，实施能源、工业等领域的大型项目，海合会对巴林100亿美元的援助计划为其提供了有力的支持。2013年巴林的经济增长率为5.3%。

巴林吸引外资的优势主要有以下五个方面。①石油产业为经济发展提供重要支持，基础设施和配套保障服务完善。②无所得税和增值税，商务成本低于迪拜、卡塔尔等周边国家。③交通物流便利，具有辐射海合会国家和中东其他国家市场的潜力。④法规健全，经济政策稳健，透明度、对外开放和市场化程度较高。⑤社会风气比较宽松，英语普及，对外籍人较友好。

据联合国贸发会议发布的2014年《世界投资报告》，2013年，巴林吸收外资流量为9.9亿美元，比2012年增长1%，超过全球平均增长水平；截至2013年底，巴林吸引外资存量为178.1亿美元，占国内生产总值的55.3%，在海合会国家中占最高比重。

世界经济论坛《2013～2014年全球竞争力报告》显示，巴林在全球最具竞争力的148个国家和地区中排在第43位。

特别提示

★ 总体上，巴林是阿拉伯国家中经济自由度最高的国家之一，同时也是海湾地区经商成本最低的国家。

★ 除了对石油公司征税以外，巴林基本上是一个无税国家。巴林已经与中国签署了避免双重征税协定。因此，在巴林建立经营海湾地区业务的办事机构是不错的选择。

★ 由于政治动荡难以在短时期内结束，同时国际油价下跌将对巴林财政支出产生不利影响，巴林政府吸引外资的难度将增加。

★ 在巴林的大部分私营企业愿意雇用廉价的外国劳工，即使在采取一系列措施后，巴林的外国劳工依然很多。

（2）投资规划

根据巴林经济发展委员会 2007 年 10 月 23 日公布的《2030 年巴林经济展望报告》的规划，巴林的经济发展目标是：到 2030 年，建立具有先进生产力水平和全球竞争力、可持续发展的国民经济体；家庭实际可支配收入在现有基础上翻两番；大力发展私有经济，私营经济部门每年为巴林籍人提供 110 个就业岗位，员工月工资在 500 巴林第纳尔以上（约合 1330 美元），为外籍人提供约 2700 个就业岗位。

为实现 2030 年经济远景，巴林制定了分步走的具体步骤：国家经济战略每 6 年为一期，主要关注教育培训、经济、医疗健康和社会发展等领域，保障经济发展以人为本，人民共享经济发展成果和经济社会发展带来的机会。政府机构战略规划是国家经济战略的具体组成部分，由各部门制定部门六年期发展计划，排定项目优先实施顺序。

根据具体产业部门规划，巴林重点发展如下领域。

①海合会援助领域。2011 年 3 月，海湾合作委员会决定向巴林提供 100 亿美元无偿援助，用于在未来十年内实施社会发展及民生项目。项目主要包括保障房、交通、供水供电、医院、学校等，正陆续招标实施。

②保障房领域规划。政府为公民提供的保障房长期供不应求。为缓和社会矛盾，住房部计划到 2016 年修建 4.5 万套住房。但单个项目较小，建筑单价较低，并且当地企业对外国企业竞标的反对呼声较强。

③炼油厂扩建规划。巴林石油公司拟投资 60 亿美元，将炼油能力从每天 26.5 万桶提高到 45 万桶；新建一条从沙特到巴林的 30 英寸输油管道，长达 126 公里，每日输送原油 35 万桶。

④海湾石化公司扩建规划。该公司拟新装一套年产 150 万吨尿素的装置，预计投资 15 亿美元，已完成可行性研究。

⑤液化天然气码头规划。巴林天然气供不应求，拟从俄罗斯进口，因此需要建设天然气专用码头。2011 年，有 14 家国

际承包商投标，巴方仍在研究中。

⑥金融合作规划。巴林金融市场开放，秩序规范，经营成本较低；同时，巴林希望中国金融机构赴巴林设点经营。

⑦制造业和转口贸易合作规划。巴林希望成为海湾北部的贸易门户，发挥对沙特东部、科威特市场的转口作用，为此不断开放市场、降低营商成本。但巴林也面临本国市场规模小、土地和天然气供应较紧张、连接沙特的陆路通道日益拥堵等问题。

⑧旅游地产项目规划。巴林政府鼓励休闲购物、医疗保健特色企业，将房地产与旅游、文化、卫生等产业结合发展，陆续承办了"2012年阿拉伯文化之都"和"2013年阿拉伯旅游之都"活动，企业也推出了迪尔蒙健康岛等项目。但当地资本市场对房地产项目融资仍然谨慎。

⑨巴林—沙特铁路桥规划。该项目属于海合会铁路网的一部分，预计长度为30公里，拟投资45亿美元，已完成可行性研究。

⑩巴林—卡塔尔友谊大桥规划。预计长度为40公里，已耗资50亿美元，两国成立大桥局负责实施。法国万喜公司联合体曾于2008年中标，但大桥局又提出重新设计并招标，加上受到卡塔尔拘捕巴林越境捕鱼人员等纠纷的影响，项目陷入停滞。

⑪铝厂六号生产线规划。巴林铝厂拟投资25亿美元新建一条生产线，年产能增加40万吨。目前在进行融资、技术方案等研究，已委托法国巴黎银行为财务顾问。

⑫工业城规划。为促进经济多元化，克服工业用地紧张的矛盾，巴林工商部正筹建一个大型工业园区，并开展了初步的可行性分析。拟填海造地面积为 93 平方公里，分 4 期开发，预计到 2040 年完成，总投资将达 160 亿美元。

⑬会展城规划。为克服现有会展中心面积的限制，巴林工商部拟投资 4 亿美元新建会展城，面积 15 万 ~ 20 万平方米，包括会展中心、酒店等，目前仍在研究融资方案。

（3）投资政策

为鼓励外国投资，巴林整体税赋水平较低，对一般企业和个人基本实施零税收政策，无所得税、增值税、消费税和中间环节的各种税收。在专属工业区内投资可享受更加优惠的待遇，包括廉价工业用地、优惠劳工措施、免除原材料及设备进口关税等。具体如下。

①行业鼓励政策。为促进经济多元化及可持续发展，创造更多高质量就业岗位，巴林鼓励外资投向金融、商业服务、物流、教育、会展、制造、信息技术、地产及旅游等行业。

②地区鼓励政策。巴林各工业园制定了一系列投资优惠政策，对外资极具吸引力。

③特殊经济区域的规定。巴林建有 9 个工业区，对工业区内的项目，免除原材料进口税，实行土地租金低收费政策。例如，占地面积 250 万平方米、紧邻哈利法港的巴林国际投资园，距巴林国际机场仅 5 分钟车程，通过巴林—沙特大桥可便利抵达沙特东部；已入园项目包括德国巴斯夫化工厂、美国 Mondelez 食品公司生产线项目、沙特与美国合资的

Abahsain 玻璃纤维生产线项目、新加坡投资的 MTQ 油气工程服务项目、西门子轧钢配件生产线项目、德国投资的 RMA 油气阀门管线生产线项目、德国投资的 Lauscha 玻璃纤维生产线项目等。中国企业重庆国际复合材料有限公司通过其香港子公司收购沙特股东股份，控股设立了重庆国际复合材料有限公司（巴林）玻璃纤维厂。

另外，还有紧邻巴林国际投资园的巴林物流园，占地面积 1 平方公里，未来规划扩建至 2 平方公里以上，主要吸引转口贸易公司、高附加值物流公司等投资入园。

（4）投资法律法规

在巴林，与投资合作相关的主要法律包括《民法》、《商业公司法》、《统一海关法》、《巴林 – 美国自由贸易协定》和《反洗钱法》等。

《民法》规定了巴林籍的自然人之间、巴林籍和生活工作在巴林的外国自然人之间、自然人和法人之间、法人和法人之间的财产关系，合同的成立及相关的权利和义务，以及产生纠纷时所适用的法律，是一部较详尽的民事行为法律准则。查询网址：www.gcc-legal.org。

《商业公司法》对商业公司的种类、成立、公司经理及董事会成员的责任、运作、解散、转让和变更都做了明确规定，对商业公司的章程进行了规范。查询网址：www.moic.gov.bh。

《统一海关法》。海湾六国自 2002 年 1 月 1 日起实行《统一海关法》。规定了商品进出海湾六国的统一管理办法，以及关税自由区、海关机构人员的权利和责任。各国也可制定禁止进口商品的细则。查询网址：www.bahraincustoms.gov.bh。

《巴林－美国自由贸易协定》列明了巴林与美国互相减免关税的即期安排及过渡安排，以及该协定预计可为巴林带来的利益。查询网址：www.fta.gov.bh。

《反洗钱法》定义了反洗钱行为及处罚办法、监督管理及国际合作等。

《所得税法》规定了资源类企业公司所得税税率及征缴办法。查询网址：www.mof.gov.bh。

（5）投资行业规定

禁止的行业　博彩业、酿酒业、毒品加工、武器制造、烟草加工、放射性废物处理等。

限制的行业　只允许巴林公民和公司从事的行业：渔业，簿记、会计服务（审计除外），赛车燃料进出口和销售，货物清关。

只允许巴林或海合会国家公民及公司从事的行业：房地产中介和代理、印刷出版、电影、客货运输、租车、加油站、代办政府手续、外籍劳务中介、商业代理等。

其他限制　商业和零售业：巴林籍公民占股 51% 以上；旅行社：必须有巴林籍合伙人；诊所：必须由巴林籍公民或在巴林定居的海合会国家公民开设；药店：巴林籍药剂师占股 50% 以上。

鼓励的行业　根据海合会颁布的统一工业组织条例、巴林工商部及经济发展委员会提供的有关资料和信息，鼓励外资投资的领域有：能生产当地所需消费品并能替代或与外国同类产品竞争的项目；产品能用于出口的项目；能利用海湾国家现有资源的项目；政府指定区域的发展项目；有益于海湾地区工业一体化的项目；环境保护项目；技术引进项目。

巴林鼓励投资发展中小工业企业领域，包括：有效利用本国或本地区的初级产品；提高本国工业产品的附加值；工业基础配套行业；提高当地工人就业水平；低能耗和占用基础设施较少的行业；投资少行业；充分利用当地熟练工人行业。

巴林鼓励投资发展当地传统手工艺产业，包括：充分利用当地生产经验；提高当地就业率；充分利用当地高技艺人员；投资少收益多；有利于发展当地文化旅游的产业。

2002年10月14日，巴林《巴林国有企业私有化法》发布第41号令，该令明确指出，私有化是巴林经济政策的一个组成部分，根据该令，首相可以颁发私有化实施细则，可以委托有关部委制定具体项目的私有化工作进程。

私有化项目可以包括服务业、旅游业、通信、运输、电、水、机场和码头服务、石油天然气服务业、邮电业以及其他生产和服务行业。根据有关情况，可以将旅游区私有化，并授予"旅游区"专门称号。按国际通行做法，可以重组私有化后的企业构架。根据《公司法》的规定，为保护国家利益，内阁可以建立专项股份基金。根据该法，巴林已将希德发电厂、萨拉曼港口管理权转让给外国公司经营，其转让一般通过邀标方式完成。

（6）投资方式规定

巴林鼓励外国人在巴林投资，允许外资以合资或独资方式设立公司、工厂或开设办事处（无业务经营权）。

根据巴林《公司法》，企业组织结构包括以下 8 种类型。

①公共股份公司：股东数量不少于 7 人，以各自认购股份为限对公司债务承担责任，注册资本不少于 100 万巴林第纳尔。

②私人股份公司：股东数量不少于 2 人，股份不对公众出售，注册资本不少于 25 万巴林第纳尔。

③有限责任公司：公司合伙人不超过 50 人，以各自出资额为限承担公司责任，注册资本不少于 2 万巴林第纳尔。

④合伙公司：公司由两个及以上出资者出资成立，出资者以共同财产为限承担公司责任。

⑤简单两合公司：包括两类股东，即无限责任股东和有限责任股东。须由两个及以上无限责任股东出资成立，无限责任股东以共同财产为限承担公司责任。同时还有一个或多个有限责任股东，不参与公司管理，并且仅以其出资额为限承担责任。

⑥股份两合公司：由两种股东组成：一种是无限责任股东，以共同财产为限承担公司责任；一种是有限责任股东，仅以其出资额为限承担责任。注册资本不少于 2 万巴林第纳尔。

⑦个人公司：由一个自然人或者法人全部出资成立，注册资本不少于 5 万巴林第纳尔。

⑧外国公司分支机构：在巴林之外成立且注册的公司设在巴林的分支机构。

特别提示

···

★ BOT方式。外资以BOT方式参与巴林基础设施建
   设，对于巴林政府缓解财政支出压力、引进国外先
   进技术、借鉴国外成熟管理经验有重要作用。污水
   处理项目是巴林首个BOT项目。2011年2月3日，
   巴林工程部和财政部将穆哈拉克污水处理装置合同
   授予由三星工程公司、阿布扎比投资公司和英国国
   际联合公用事业公司组成的联合竞标体。该项目规
   划日处理污水能力10万吨，未来进一步增加到16
   万吨，主要服务于国际机场、工业园和附近居民区。
   建成后由三星和联合公用事业公司特许经营24年。

···

4 货币管理

巴林法定货币为巴林第纳尔（Bahrain Dinar）。根据《2006
年巴林中央银行和金融机构法》的规定，巴林第纳尔为可自由
兑换货币。在巴林的商业金融机构可办理巴林第纳尔与主要西
方货币（美元、欧元、日元、英镑等）、其他海合会国家货币
以及主要劳务来源国货币（印度卢比、巴基斯坦卢比、孟加拉
国塔卡等）的兑换业务。

巴林自2001年以来采取巴林第纳尔与美元联系的汇率制

度，2002 年至今，汇率一直保持在 0.376 巴林第纳尔兑换 1 美元。2014 年 3 月 31 日，与欧元的汇率为 0.5185∶1。人民币与巴林第纳尔不能直接结算。

巴林当地信用卡使用普遍。中国境内银行发行的 VISA 卡和万事达卡均可在当地使用，也有少量商户提供银联卡服务。根据银联与花旗银行的协议，银联卡可以在花旗银行自助取款机上取款。

5　税收体系

巴林是低税国家，税收体系较为简单，没有营业税、增值税和个人所得税。对部分行业收取印花税和市政税，对资源类企业征收企业所得税，对进口商品征收关税。

印花税在书立、领受经济凭证时贴票或者盖章完税。市政税的征税对象是宾馆及餐饮企业，每季度到文化部旅游事务办公室缴纳一次。

房地产交易印花税为 1%～3%，宾馆餐饮业征收 5% 的市政税。1979 年颁布的《巴林所得税法》规定，对在巴林境内直接从事原油和天然气勘探、生产的企业征收 46% 的企业所得税。非资源类企业不缴企业所得税。普通商品关税率为 0～5%，香烟、烟草制品和各种酒精饮料实行特殊关税税率。

四　产业发展

1　概述

　　巴林历史上曾以珍珠捕捞闻名，是海湾航运的重要中转站。20 世纪 30 年代，巴林成为海湾地区最早发现并开采石油的国家，石油与石化成为其支柱产业。从 20 世纪 70 年代末起，巴林开始实行自由开放的经济政策，积极推进经济多元化战略，重点发展金融、贸易、旅游和会展等产业，减少对油气产业的过度依赖。目前巴林金融服务业较发达，有领先的金融机构监管环境，是海湾地区的金融中心之一；旅游服务业较发达，尤其是对沙特、科威特等国游客吸引力强，每年从沙特—巴林大桥入境人数近 1000 万名。

　　石油天然气产业是巴林的最大产业，金融业为第二大产业，工业为第三大产业，农渔业占比很小，食品 90% 依靠进口；海产品捕捞量每年 1.4 万吨，养殖业刚刚起步。

2　重点产业

（1）石油天然气产业

　　石油和天然气是巴林最重要的自然资源，油气产业是巴林经济的战略支柱。目前已探明石油储量 2055 万吨，天然气储量 1182 亿立方米。该产业也是巴林最主要的收入来源，近年来对巴林财政贡献率稳定在 80% 以上。2013 年石油天然气产业产值为 880 亿美元，占国内生产总值的 26.66%。2011 年巴林原油产量为 951 万吨，其中的 80% 来自巴林与沙特共享主权的阿布萨法油田；天然气产量为 156.3 亿立方米。原油及衍生产品占出口总额的 69%，占进口总额的 17%。天然气全部用于国内，主要用于发电、淡化水和生产化工产品。2013 年石油产品出口额为 153.5 亿美元。

巴林主要石油天然气大型企业如下。

巴林石油公司，成立于 1976 年，由巴林政府全资拥有，负责石油和天然气勘探、生产、炼制、销售。

塔特维尔石油公司，2008 年成立，由巴林油气控股公司、美国西方石油公司和阿联酋穆巴达拉开发公司联合持股。作为巴林陆上油田的作业公司，三方签署了勘探开发分成协议。

巴林国家天然气公司，于 1979 年 12 月投产，巴林政府拥有 75% 的股份，雪佛龙巴林公司和阿拉伯石油投资公司各占股 12.5%，负责处理加工陆上油田伴生气和炼厂尾气。

（2）主要工业

主要包括炼油、炼铝、化工、金属加工和食品加工业等，2013 年产值达到 41.5 亿美元。巴林石油公司炼厂全年炼油 9996 万桶，原油大部分从沙特进口，产品 85% 以上用于出口。

其中，冶炼和石化是巴林重要的工业部门。大型企业如下。

巴林铝厂，巴林政府占股 69%。2013 年实现产量 91.27 万吨，较上年增加 2.2483 万吨，是公司成立以来首次年产突破 90 万吨，排名全球前十之内。

海湾石化公司于 1979 年 12 月成立，巴林资产控股公司、沙特基础工业公司和科威特石化工业公司平均持有股份，用巴林天然气生产尿素、氨和甲醇。产品 80% 供出口，主要出口到美国、中国和巴基斯坦等地。2012 年产量合计 150 万吨。

海湾联合钢铁控股公司成立于 2008 年，海湾投资公司占股 50%，卡塔尔钢铁公司占股 25%，科威特其他三家公司分别占股 10%、10% 和 5%。投资总额达 35 亿美元，全资拥有海湾工业投资公司、联合不锈钢公司，控股巴林联合钢铁公司，业务覆盖矿产和成品，年产球团矿 1100 万吨。

3　特色产业

（1）金融业

巴林金融业发达，是该国第二大行业，健全的监管制度和大量优秀金融人才是巴林金融业健康发展的基石。巴林享有中东地区金融服务中心的美誉。目前，有 400 多家地区和国际金融服务机构在巴林设立办事处，各国银行在巴林的总资产达 855 亿美元。2013 年巴林金融业产值占国内生产总值的16.7%，是巴林第二大产业。

（2）会展业

近年来，巴林努力发展会展业，希望成为地区性和国际性的会展中心，以带动非金融服务业的发展。巴林工商部属下的巴林会展管理局负责会展业的宏观管理。2012 年巴林会展中心举办会展数量同比增长 116%，参展商数量增加 35%，参展国家增加到 75 国。

（3）一级方程式赛车

　　巴林国际赛车场自 2004 年开始承办一级方程式分站比赛，为巴林的旅游、通信、广告、交通、酒店餐饮等行业带来累计超过 10 亿美元的收入。2011 年因国内局势动荡停赛，2012 年起恢复举行。

巴林国际赛车场
图片提供：达志影像

五 金融体系

巴林金融业发达，是海湾地区重要的金融中心。截至 2014 年 4 月，巴林拥有各类金融机构 406 家，其中银行机构 136 家，保险机构 152 家，投资公司 61 家，其他机构 57 家。

1 银行体系

巴林中央银行是巴林的中央银行，主要负责国家货币政策和外汇汇率政策的制定，管理国家外汇储备和国债，监管国家支付和结算系统、本币发行以及对各类金融机构及资本市场和证券市场的监管。

巴林中央银行将商业银行划分为零售银行和批发银行，零售银行从事在岸业务，批发银行从事离岸业务。2014 年末，巴林拥有各类银行机构 136 家，包括 29 家在岸零售银行（其中 23 家为传统银行，6 家为伊斯兰银行）；69 家离岸批发银行（其中 51 家传统银行，18 家伊斯兰银行）；2 家政策性银行和 36 家外国银行代表机构。

巴林本地主要商业银行有：国民联合银行、巴林全国银行和巴林科威特银行。此外还有海湾金融公司、科威特投资银行、巴林伊斯兰银行以及 Ithmaar 银行等按伊斯兰教教规运营的金融机构。

外资金融机构包括花旗银行、汇丰银行、巴黎银行、三菱联合金融控股集团以及标准渣打银行等。

　　与中国境内银行合作较多的是以上这些外资银行。中国银行在巴林设立了代表处。

　　截至 2014 年末，巴林银行总资产为 1917.67 亿美元，总负债为 1633.21 亿美元，所有者权益为 284.46 亿美元。

巴林银行业务规模

单位：亿美元

年份	总资产	总负债	所有者权益
2010	2221.77	1956.78	264.99
2011	1971.17	1702.43	268.74
2012	1863.22	1591.34	271.88
2013	1919.99	1553.62	366.37
2014	1917.67	1633.21	284.46

扩展阅读

中国银行巴林代表处概况

　　巴林是中东地区重要的国际金融中心，中国银行巴林代表处成立于 2004 年，是中国银行在中东海湾地区的第一家机构。巴林代表处位于巴林麦纳麦市外交区加士拉赫楼 1502 室，自成立以来，切实落实总行公司金融条线赋予的各项责任和任务，克服种种困难，积极思考、探索公司金融海内外一体化发展，主动开展业务营销和市场调研，积极开展公司金融业务，主要业绩如下。

（1）代销 CD 实现突破，累计代销 CD 2 亿美元。巴林是中东地区的国际金融中心，当地大型离岸批发银行流动性较好，资金充足。2012 年，巴林代表处代销中国银行伦敦分行发行的 CD1 亿美元；2013 年代销巴黎分行发行的一年期美元 CD 一笔，总金额 1 亿美元。

（2）积极拓展中国银行在海湾地区的福费廷转卖渠道，累计办理福费廷业务 103 笔，融资总额 2.62 亿美元。

（3）加强与国内分行联动，积极拓展海外代付融资渠道，组织巴林当地银行累计办理中国银行海外代付业务 17 笔，融资总额 4659.7 万美元。

（4）巴林代表处在当地及中东地区其他国家积极开展跨境人民币营销。巴林阿尔巴拉克伊斯兰银行、阿拉伯银行公司、黎巴嫩法国银行等三家商业银行在上海分行开立了跨境人民币清算账户；巴林艾哈里联合银行于 2013 年 12 月、2014 年 1 月分别向中国银行巴黎分行、东京分行拆出资金 6 亿元人民币。

中国银行巴林代表处

2　外汇市场

　　根据《2006 年巴林中央银行和金融机构法》、《2001 年巴林商业公司法》和《巴林中央银行规则手册》，巴林不实行外汇管制，在巴林注册的外国企业可以在巴林银行开设外汇账户，用于境内外结算。外汇的汇入、汇出无须申报。外资企业利润自由汇出，无须缴纳税金。

　　在巴林工作和居留的外国人，其合法收入可全部汇出境外。个人携带现金出入境不需要申报，并且没有数额限制。

3 资本市场

巴林证券交易所是巴林唯一的证券交易市场，规模不大，有银行业、银行投资业、投资业、保险业、服务业、工业、酒店业 7 个交易板块。截至 2012 年底，巴林证券交易所共有 47 家上市公司，市值合计 157 亿美元。2013 年，巴林股指以 1229.08 点收盘，全年涨幅为 15.54％。

巴林
BAHRAIN

第四篇
双边关系

巴林
BAHRAIN ···

一 双边政治关系

巴林于 1989 年 4 月 18 日与中国正式建立外交关系。建交以来，两国关系发展顺利。巴林对中国友好，重视中国，在涉台、涉疆、涉藏、人权等涉及中国核心利益和重大关切的问题上支持中国。巴林积极参与"中阿合作论坛"活动，先后承办论坛第三届部长级会议、"中阿新闻合作论坛"等，还主办了中国 – 海湾国家经贸合作论坛。

两国各层次人员交往不断。2013 年，中国副部级以上官员访问巴林 3 次。9 月，巴林国王哈马德首次对中国进行国事访问，并率团出席在宁夏举办的中阿博览会。2014 年 4 月巴林住房大臣巴希姆访问中国。

二 双边经济关系

1 双边贸易

中巴两国自 20 世纪 50 年代起就有民间贸易往来，1988 年双边贸易额为 1200 万美元。

进入 21 世纪以来，双边贸易额增长较快。2006 年，中巴贸易总额为 3.49 亿美元。其中，中方出口 2.84 亿美元，主要是机电产品、纺织品和服装、食品等；中方进口 0.65 亿美元，主要是未锻造的铝及铝材、液化石油气、棉纱线等。

2011 年，中巴双边贸易额为 12.1 亿美元。其中，中国出口 8.8 亿美元，主要是机电产品、钢材、纺织品和服装等；中国进口 3.3 亿美元，主要是铁矿砂、铝、液化石油气等。

2013 年，中巴双边贸易额为 15.4 亿美元。其中，中国出口 12.4 亿美元，主要是机电产品、钢材、纺织品和服装等；中国进口 3 亿美元，主要是铁矿砂、铝、液化石油气等。

2 双边经济合作

早在 1990 年 7 月，两国就成立了中国巴林经济、贸易、技术混合委员会（以下简称混委会），并分别于 1993 年、1996 年和 2002 年召开了混委会会议。中国与巴林两国签署了一系列双边协议，包括两国政府的经济、贸易、技术合作协定（1990年）、互相给予最惠国待遇换文（1995年）、鼓励和互相保护投资协定（1999年）、互免空运企业国际运输收入税收协定（1999年）、对所得避免双重征税和偷漏税协定（2002年）、关于在巴林设立中国投资与经济服务中心的谅解备忘录（2002年）。

截至2006年底，中方在巴林承包工程和劳务合作累计完成营业额1069万美元，在巴林有70余名劳工人员。截至2011年底，中国企业累计在巴林签订承包劳务合同金额为24256万美元，完成营业额为23629万美元，2011年底在巴林的工程劳务人员有400余人。

据中国商务部统计，2013年当年中国对巴林直接投资流量为–534万美元。截至2013年末，中国对巴林直接投资存量为146万美元。巴方对华累计投资额为1546万美元。2013年中国企业在巴林新签承包工程和劳务合作合同金额为56万美元，同比下降了85%；完成营业额为533万美元，同比增长198%。2013年末在巴林的工程劳务人员有80余人。

华为技术公司于2009年将中东地区总部由迪拜迁至巴林，在巴林员工约500人，负责巴林、沙特、阿联酋、科威特、卡塔尔、阿曼、伊拉克、巴勒斯坦、也门、伊朗和阿富汗等11个国家的业务。华为在巴林经营出色，与三家移动运营商均建立了良好的合作关系。目前积极开拓政府业务，发展个人客户，是巴林电信市场上最具竞争力的产品和解决方案提供商之一。

巴林金融港和世界贸易中心

图片提供：达志影像

特别提示

....

★ 借助有利的地理位置和黎巴嫩内乱的有利时机，巴
   林金融业迅速崛起。巴林金融业很发达，享有"中
   东地区金融服务中心"的美誉。

★ 从 1973 年开始，巴林主动参与全球事务，推动金融业
   迅猛发展，并构筑自身的金融发展体系。20 世纪 70
   年代，巴林建立了金融机构，监督货币流通，指导本
   地商业银行的活动。海湾地区最大的金融机构国际银
   行和阿拉伯银行把总部设在巴林。巴林不仅取代贝鲁
   特成为海湾和中东地区最著名的金融中心，而且同中
   国香港、新加坡、伦敦并列为世界四大金融中心。

★ 巴林金融业的主要特点是它作为离岸银行服务中心
   而享有盛名。这些离岸银行大都来自西方发达国家
   和海湾各国一些颇具实力的金融机构，主要经营活
   动是吸收存款、提供信贷和担保、办理信用证、开
   展黄金和货币交易等。巴林政府则对离岸银行给予
   外汇不受管制、自由确定比价和免税等方面的优惠。
   与此同时，巴林还逐渐发展成为世界伊斯兰银行的
   主要中心，以伊斯兰传统方式参与海湾和中东各国
   的经济建设和金融业务。

★ 中国银行在巴林投资策略建议如下。
   巴林经济总量较小，中资企业数量较少，但地理位

置优越，离岸金融业发达，建议中国银行采取以下经营策略。

（1）巴林是中东、北非地区重要的离岸金融中心，银行资产接近2000亿美元，具有较强的流动性和抗风险能力。建议中国银行加强与巴林银行业之间的合作，吸收巴林当地批发银行富余资金。由于当地批发银行多属中东地区跨国银行，对中东地区的国家风险和金融机构风险有较强的承受能力，中国银行可选择当地实力较强的大银行，合作开展贸易融资业务，如在福费廷、同业代付等方面加强与巴林当地知名大银行的合作，为中国银行客户出口中东市场提供融资和风险防范服务。

（2）巴林与沙特有良好的关系。建议中国银行以巴林为营销窗口，对中国在沙特投资的企业提供资金和服务，支持其在沙特从事石油开采和企业并购活动，支持工程承包企业在沙特承包铁路等基础设施建设项目。

（3）积极开展跨境人民币清算业务，吸引当地金融机构在中国银行开立跨境人民币清算账户。

★巴林的安全。巴林社会安全环境良好，刑事犯罪案件较少。但是由于贫富差距、教派冲突等问题依然存在，以及受西亚、北非地区局势动荡及2011年国内动乱的持续影响，局部冲突时有发生。抗议人员常常设置路障、焚烧轮胎及投掷燃烧瓶，给交通

出行和人身安全带来不便和隐患。政府一方面在重
点地区加大警戒力度，严防暴力事件的发生，严禁
个人持有枪支和爆炸物；另一方面，逐步推行经济、
政治和社会领域改革，缓和社会矛盾。虽仍有小规
模示威冲突，但总体形势稳定。

★ 巴林投资风险点如下。

（1）财政风险。巴林财政对石油产业的依赖度
达到85%，收支平衡点油价为130美元/桶，持续
低油价将对巴林财政预算造成困难，预算赤字将持
续上升，政府债务将增加，2015年可能达到GDP
的52%。

（2）政局动荡风险。自2010年爆发动乱以来，
政府和反对派为政治和解而进行的会谈没有取得成
果，反对派将继续抵制选举，政局不稳、社会动荡
局面将会持续，尽管不会继续恶化，但在一定程度
上影响了国内外投资者的信心。

社会动荡，政局不稳，石油价格预期下跌，
对巴林国内经济发展构成隐患，是巴林目前最显
著的风险特征。中国企业赴巴林投资，应充分利
用信用保险、银行保险金融机构提供的避险工具，
防范投资风险。

★ 巴林不存在反政府武装组织，很少发生恐怖袭击。

★ 巴林投资用工环境如下。巴林实行免费义务教育制
度，国民受教育水平较高。巴林大学及阿拉伯海湾

　　大学分别成立于 1978 年和 1987 年，是当地知名大学。常用招聘方式包括广告、通过人力资源公司招聘等。近年来，巴林就业形势不乐观，劳动力市场供应比较充足，当地劳动力可满足企业管理、金融、会计、建筑等行业的需求。服务业等技术含量低的行业，通常聘用外籍员工。

三　巴林投资促进机构

（1）巴林经济发展委员会（Bahrain Economic Development Board）是巴林半官方的投资促进机构，负责宏观经济规划和战略，协调外国投资者与政府各经济部门之间的关系。联系方式如下：

电　　话：（0973）17589999

传　　真：（0973）17583330

办公时间：8：00 ～ 16：00（周日到周四）

网　　址：www.bahrainedb.com

巴林经济发展委员会在巴林驻华使馆设有代表处，联系方式如下：

电　　话：（010）6532 6483

传　　真：（010）6532 6393

电　　邮：yun.jiang@bahrainedb.com

（2）巴林工商部投资者中心。巴林工商部是巴林外商投资合作的政府主管部门，投资者中心负责有关具体事务。

电　　话：（0973）17562222、17562200、80001700

传　　真：（0973）17580751

办公时间：7：30 ～ 14：00（周日到周四）

网　　址：www.moic.gov.bh

四　巴林当地主要中资企业

境内投资主体	境外投资企业（机构）	归　属	经营范围
中兴通讯股份有限公司	中兴通讯股份有限公司巴林办事处	民营企业，世界500强企业	代表总公司从事信息咨询、市场调研等非经营性业务的联络活动
中国葛洲坝集团股份有限公司	中国葛洲坝集团股份有限公司巴林分公司	中央企业	市场开发和项目监管
中国建材国际贸易有限公司	中国建材国际贸易有限公司巴林公司	中央企业	建材及建材相关产品进出口贸易，仓储物流基地建设及运营
中国港湾工程有限责任公司	中国港湾巴林分公司	中央企业	开拓市场，承包工程
华泰汽车集团有限公司	华泰中东公司巴林股份公司	地方企业	进出口和销售各种类型的汽车、客车、卡车和重型机械及以上产品的零部件；开展涉及汽车、客车、卡车和重型机械的维修和保养工作；在巴林国内外从事所有促进公司生意的业务
江河创建集团股份有限公司	江河创建集团股份有限公司巴林分公司	地方企业	建筑、装饰、设计、制造和出售幕墙；一般批发贸易（包括一般的进口和出口）
江苏省交通工程集团有限公司	江苏省交通工程集团有限公司巴林有限公司	地方企业	承包国际招标工程，工程所需设备、材料的进出口业务；起重机械设备的安装、维修；建材加工与销售，实物租赁，工程勘查、检测、设计与咨询
江苏省建设集团公司	江苏省建设集团公司巴林办事处	地方企业	获取市场信息、做好业务联系

续表

境内投资主体	境外投资企业（机构）	归　属	经营范围
中国（临沂）跨国采购中心有限公司	中国（临沂）跨国采购中心有限公司巴林建筑材料公司	地方企业	大理石、喷绘作品、卫生洁具、塑料、玻璃材料及相关建材产品的进出口贸易
杭州天野通信设备有限公司	杭州天野通信设备有限公司驻巴林办事处	地方企业	收集信息，联络客户，促销商品

详细中资企业名录请参见：

中国商务部"中国对外投资和经济合作"网站 ⇨ "境外企业（机构）"，相关网址如下：http://wszw.hzs.mofcom.gov.cn/fecp/fem/corp/fem_cert_stat_view_list.jsp。

巴林
BAHRAIN

附　录

巴林
BAHRAIN ....

附录　世界银行·营商环境指数

　　为评估各国企业营商环境，世界银行通过对全球国家和地区进行调查研究，对构成各国企业营商环境的 10 组指标进行逐项评级，得出综合排名。营商环境指数排名越高或越靠前，表明在该国从事企业经营活动的条件越宽松。相反，指数排名越低或越靠后，则表明在该国从事企业经营活动越困难。

巴林营商环境排名

巴　林	
所处地区	中东及北非
收入类别	高收入
人均国民收入总值（美元）	28272
营商环境 2016 年排名：65，与上一年相比，后退 4 名	

巴林营商环境概况

　　下图同时展示了巴林各分项指标与"世界领先水平"的距离，"世界领先水平"反映了《2016 年全球营商环境报告》所包含的所有经济体在每个指标方面（自该指标被纳入《营商环境报告》起）表现出的最佳水平。每个经济体与领先水平的距离以从 0 到 100 的数字表示，其中 0 表示最差表现，100 表示领先水平。

指　标	巴林	中东及北非	经合组织
开办企业			
2016 与世界领先水平的距离（百分点）：77.09			
程序（个）	7.0	8.2	4.7
时间（天）	9.0	18.8	8.3
成本（占人均国民收入的百分比）	0.8	25.8	3.2
实缴资本下限（占人均国民收入的百分比）	189.6	37.7	9.6
办理施工许可证			
2016 与世界领先水平的距离（百分点）：83.24			
程序（个）	8.0	14.8	12.4
时间（天）	145.0	139.7	152.1
成本（占人均收入的百分比）	0.2	3.1	1.7
建筑质量控制指标（0 ~ 15）	12.0	9.5	11.4
获得电力			
20156 与世界领先水平的距离（百分点）：71.74			
程序（个）	5.0	4.9	4.8
时间（天）	85.0	82.4	77.7
成本（占人均国民收入的百分比）	46.4	931.3	65.1
供电可靠性和电费指数透明度（0 ~ 8）	4.0	3.2	7.2
登记财产			
2016 与世界领先水平的距离（百分点）：81.07			
程序（个）	2.0	5.7	4.7
时间（天）	31.0	29.6	21.8
成本（占财产价值的百分比）	1.7	5.6	4.2
土地管理系统的质量指数（0 ~ 30）	17.5	12.5	22.7

指　标	巴林	中东及北非	经合组织
获得信贷			
2016 与世界领先水平的距离（百分点）：40.00			
合法权利指数（0 ~ 12）	1.0	1.3	6.0
信用信息指数（0 ~ 8）	7.0	4.1	6.5
私营调查机构覆盖范围（占成年人的百分比）	0	10.8	11.9
公共注册处覆盖范围（占成年人的百分比）	29.0	12.0	66.7
保护少数投资者			
2016 与世界领先水平的距离（百分点）：48.33			
少数投资者保护力度指数（0 ~ 10）	4.8	4.5	6.4
纠纷调解指数（0 ~ 10）	4.7	4.7	6.3
披露指数	8.0	5.8	6.4
董事责任指数	4.0	4.6	5.4
股东诉讼便利度指数（0 ~ 10）	2.0	3.7	7.2
股东治理指数（0 ~ 10）	5.0	4.4	6.4
股东权利指数（0 ~ 10）	7.0	5.2	7.3
所有权和管理控制指数（0 ~ 10）	4.0	4.0	5.6
公司透明度指数（0 ~ 10）	4.0	3.9	6.4
纳税			
2016 与世界领先水平的距离（百分点）：93.88			
纳税（次）	13.0	17.7	11.1
时间（小时）	60.0	216.1	176.6
应税总额（占毛利润的百分比）	13.5	32.6	41.2
利润税（占利润的百分比）	0	12.7	14.9

指　标	巴林	中东及北非	经合组织
劳动税及缴付（占利润的百分比）	13.5	16.3	24.1
其他税（占利润的百分比）	0	3.7	1.7
跨境贸易			
2016 与世界领先水平的距离（百分点）：72.06			
出口耗时：边界合规（小时）	24.0	65.0	15.0
出口所耗费用：边界合规（美元）	47.0	445.0	160.0
出口耗时：单证合规（小时）	80.0	79.0	5.0
出口所耗费用：单证合规（美元）	211.0	351.0	36.0
进口耗时：边界合规（小时）	54.0	120.0	9.0
进口所耗费用：边界合规（美元）	397.0	594.0	123.0
进口耗时：单证合规（小时）	84.0	105.0	4.0
进口所耗费用：单证合规（美元）	130.0	385.0	25.0
执行合同			
2016 与世界领先水平的距离（百分点）：56.38			
时间（天）	635.0	653.3	538.3
成本（占标的额的百分比）	14.7	24.7	21.1
司法程序质量指数（0 ~ 18）	5.0	6.5	11.0

程序	指标
时间（天）	635.0
备案与立案	30.0
判决与执行	545.0
合同强制执行	60.0
成本（占标的额的百分比）	14.7

续表

指　　标	巴林	中东及北非	经合组织
律师费（占标的物价值的百分比）	10.0		
诉讼费（占标的物价值的百分比）	3.4		
强制执行合同费用（占标的物价值的百分比）	1.3		
司法程序质量指数（0~18）	5.0		
办理破产			
2016与世界领先水平的距离（百分点）：44.28			
回收率（每美元美分数）	41.6	27.5	72.3
时间（年）	2.5	3.0	1.7
成本（占资产价值的百分比）	9.5	13.8	9.0
结果（0为零散销售，1为持续经营）	0	0	1
破产框架力度指数（0~16）	7.0	5.4	12.1
启动程序指数（0~3）	2.0	2.1	2.8
管理债务人资产指数（0~6）	4.0	3.1	5.3
重整程序指数（0~3）	0	0.1	1.7
债权人参与指数（0~4）	1.0	1.2	2.2

资料来源：世界银行《2016年全球营商环境报告》。

跋

"丝绸之路经济带"和"21世纪海上丝绸之路"战略构想为沿线国家的经贸往来和文化融合带来千载难逢的机遇。作为中国唯一连续经营百年以上、机构网络遍及海内外40多个国家和地区的大型商业银行，中国银行在国际化经营水平、环球融资能力、跨境人民币业务等方面具有独特优势。随着国家"一带一路"战略梦想一步步走进现实，中国银行正励精图治，努力成为实现这个伟大梦想的金融大动脉。

"国之交在于民相亲，民相亲在于心相交。""一带一路"战略布局涉及区域广阔，业务广泛。它不仅是一条经济交通之路，更是一条民心交融之路，其建设发展在很大程度上取决于文化的影响力和穿透力。《文化中行——"一带一路"国别文化手册》的付梓，恰逢我行整合海内外资源、布局全球一体化协同发展的关键时期。《手册》以研究海外机构特点和服务对象需求为出发点，致力于解决文化冲突、促进文化融合，力求为海外机构提供既符合中国银行价值理念，又符合驻在国实际的文化指引。

《手册》在前期充分调研的基础上，与社会科学文献出版社共同编辑出版。《手册》紧紧围绕业务需求，深耕专业领域，创新工作思路，填补了我行海外文化建设领域的空白。这是中国银行在大踏步国际化背景下，抓紧建设开放包容、具有强大影响力的企业文化的需要，是发挥文化"软实力"、保持集团可持续发展的需要，更是投身国家重大战略部署、担当社会责任的需要。

社科文献出版社是我国社会科学研究领域的权威出版机构，在人文社会科学著作出版方面享有盛誉。在编纂过程中，特别邀请了外交部、商务部专家重点审读相关章节。针对重点领域的工作需要，设置了"特别提示"和"扩展阅读"，为"一带一路"发展战略提供了较为丰富的实例和参考。

文化的力量是无穷的。希望《文化中行——"一带一路"国别文化手册》行之弥远、传之弥久，以文化的力量推动"一带一路"金融大动脉建设，为实现"担当社会责任，做最好的银行"的战略目标添砖加瓦。

2015 年 12 月

后　记

　　《文化中行——"一带一路"国别文化手册》是中国银行在全力服从国家"一带一路"战略，依托百年发展优势，布局全球、协同发展的大背景下编撰的国别类文化手册。由中国银行企业文化部牵头，在办公室、财务管理部、总务部、集中采购中心的大力支持下，在社会科学文献出版社经管分社团队的共同努力下编辑出版。

　　手册在编辑过程中广泛征求了各海外分支机构的意见，得到了雅加达分行、马来西亚中国银行、马尼拉分行、新加坡分行、曼谷子行、胡志明市分行、万象分行、金边分行、哈萨克中国银行、伊斯坦布尔代表处、巴林代表处、迪拜分行、阿布扎比分行、匈牙利中国银行、卢森堡有限公司波兰分行、俄罗斯中国银行、乌兰巴托代表处、秘鲁代表处、仰光代表处、孟买筹备组、墨西哥筹备组、维也纳分行、摩洛哥筹备组、智利筹备组、毛里求斯筹备组、布拉格分行的大力支持，在此一并表示感谢。

　　编写组在编纂过程中参考了不同渠道的相关资料，主要包括外交部国家（地区）资料库，商务部"对外投资合作国别

（地区）指南 2014 版", 社会科学文献出版社"列国志"大型数据库, 以及中国银行海外分支机构提供的相关资料。

　　本手册系定期更新, 欢迎各界提供最鲜活的资料, 使手册更具权威性和客观性。

图书在版编目(CIP)数据

巴林 / 中国银行股份有限公司, 社会科学文献出版社编.
一北京：社会科学文献出版社，2016.1
（文化中行："一带一路"国别文化手册）
ISBN 978-7-5097-8428-0

Ⅰ. ①巴… Ⅱ. ①中… ②社… Ⅲ. ①巴林－概况
Ⅳ. ①K938.6

中国版本图书馆CIP数据核字（2015）第276693号

文化中行："一带一路"国别文化手册
巴林

编　　　者 / 中国银行股份有限公司
　　　　　　社会科学文献出版社

出 版 人 / 谢寿光
项目统筹 / 恽　薇　王婧怡
责任编辑 / 陈凤玲

出　　　版 / 社会科学文献出版社·经济与管理出版分社（010）59367226
　　　　　　地址：北京市北三环中路甲29号院华龙大厦　邮编：100029
　　　　　　网址：www.ssap.com.cn
发　　　行 / 市场营销中心（010）59367081　59367090
　　　　　　读者服务中心（010）59367028
印　　　装 / 北京盛通印刷股份有限公司

规　　　格 / 开　本：889mm×1194mm 1/32
　　　　　　印　张：3.75　字　数：76千字
版　　　次 / 2016年1月第1版　2016年1月第1次印刷
书　　　号 / ISBN 978-7-5097-8428-0
定　　　价 / 48.00元